Pour une cuisine gourmande

sans gluten et sans lait

Stylisme et photographies des recettes :
Victoria Cheneau
Photos additionnelles :
Fotolia, Jupiterimages, Shutterstock

Anagramme éditions
Dépôt légal 4e trimestre 2013
ISBN : 978 2-35035-424-8

Imprimé en France par Horizon
N° d'imprimeur : 1311-062

Édité par ANEDIT
26, rue Jacob
75 006 Paris
info@anagramme-editions.fr

Ce livre a été imprimé sur papier PEFC (Gestion durable des forêts)
avec des encres végétales non toxiques.

Pour en savoir plus sur moi

Cours de cuisine-santé et coaching diététique
www.cookandcoach.fr

Recettes et astuces pour se régaler
sans gluten au quotidien
www.jecuisinesansgluten.com

Photographie culinaire
www.creation-stylisme-culinaire.com

Victoria Cheneau

Pour une cuisine gourmande
sans gluten et sans lait

ANAGRAMME
éditions

Sommaire

Qu'on soit malade ou bien portant, difficile de ne pas avoir entendu parler des sensibilités au gluten et au lait, aujourd'hui bien relayées par les médias. Omniprésents dans notre alimentation moderne, le blé et le lait de vache peuvent fragiliser votre intestin, organe-clé du système immunitaire et donc de votre santé.

Comment mettre en place, au quotidien, une alimentation sans gluten ni lait ? Par quels aliments les remplacer et, surtout, comment les cuisiner sans bouleverser totalement vos habitudes alimentaires ?

Diététicienne de formation, c'est derrière les fourneaux, en restauration traditionnelle puis biologique, que je me suis épanouie, en proposant une alimentation saine, compatible avec les principales allergies alimentaires.

Tout au long de ce livre, je me propose de vous guider dans la diversification de votre alimentation. La contrainte initiale – supprimer le blé et le lait – se transformera peu à peu en découverte de nouvelles saveurs et de potentialités culinaires. Voudrez-vous, après cela, revenir à l'uniformité du blé et du lait de vache ? Probablement pas...

J'ai sélectionné pour vous quelques-unes de mes recettes préférées, simples et rapides à préparer. Accompagnées d'astuces culinaires, acquises avec l'expérience, et d'informations nutritionnelles, elles vous permettront de vous initier en douceur à une cuisine gourmande sans gluten et sans lait.

Les allergies alimentaires : gluten et lait

Les allergies alimentaires, en plein essor dans les pays occidentaux, touchent aujourd'hui 2 à 4 % des adultes et 6 % des enfants.

Qui n'a pas dans son entourage un parent, un proche atteint d'une allergie alimentaire ? On s'en inquiète souvent sans les comprendre vraiment.

Même si les connaissances scientifiques progressent sans cesse, les causes et les mécanismes de développement des allergies alimentaires restent à éclaircir.

Comprendre les allergies alimentaires

Notre organisme est protégé des substances étrangères par le système immunitaire. Ce dernier génère une riposte à chaque intrus, afin de le neutraliser. Chez le sujet sain, les protéines alimentaires ne sont pas allergènes d'une part, parce qu'elles sont dégradées puis absorbées lors de la digestion et, d'autre part, parce que le système immunitaire a élaboré envers elles une réponse de tolérance.

L'émergence d'une allergie traduit une faille dans un système immunitaire affaibli qui perçoit comme une menace une protéine alimentaire normalement sans danger.

Quelles sont les causes des allergies alimentaires ?

De multiples facteurs entrent en cause dans l'émergence des allergies. Combinés les uns aux autres, ils constituent un terrain favorable au développement de ces pathologies.

L'hérédité

Elle joue un rôle-clé. Les **antécédents familiaux** d'allergies alimentaires, respiratoires ou autres augmentent les risques de développement.

La précocité de diversification alimentaire

Le système immunitaire du nourrisson se met en place progressivement. La barrière intestinale nécessite notamment du temps pour atteindre sa maturité et tolérer ainsi l'introduction d'une alimentation variée et antigénique. Une diversification trop précoce de l'alimentation induit le passage d'intrus à travers la barrière intestinale sans réponse immunitaire adaptée.

Certains aliments, en particulier les fruits exotiques (agrumes, avocat, kiwi, ananas, noix diverses...), nécessitent une introduction tardive.

L'alimentation hyper-transformée

Les produits alimentaires industrialisés présentent une composition complexe et bien souvent allergénique en raison de la **profusion d'additifs et autres auxiliaires technologiques** (dont le gluten et les protéines du lait font partie).

La liste des ingrédients d'un simple pain de mie est à ce titre révélatrice.

Pain de mie complet

Ingrédients : farine complète de blé (63 %), eau, sucre, levure, gluten de blé, huile de colza, sel, dextrose, conservateur : E282, farine de blé, émulsifiant : E471, agent de traitement de la farine : E300. Traces éventuelles de lait, œuf, soja et sésame.

Les facteurs environnementaux

Nous vivons au quotidien au contact de **polluants** : aluminium, baryum, plomb, mercure, phosphore, etc. Ils proviennent par exemple de rejets industriels dans l'atmosphère, d'amalgames dentaires, de vaccins. Les polluants s'accumulent dans l'organisme et perturbent son fonctionnement.

Allergie ou intolérance ?

Allergie et intolérance alimentaire sont des réactions d'hypersensibilité, à savoir des manifestations de symptômes indésirables faisant suite à l'ingestion d'un (ou plusieurs) aliment(s). L'agent déclencheur, au sein de l'aliment, est toujours une **protéine**.

L'allergie et l'intolérance alimentaires diffèrent pourtant sur bien des points :

	Allergie Allergie classique Allergie de type I	**Intolérance alimentaire** Allergie retardée Allergie de type III
Support immunologique	Production d'IgE (Immunoglobuline E), anticorps spécifique de la protéine sensibilisante Exemple : IgE anti-arachide, IgE anti-gluten	Production d'IgG (Immunoglobuline G), anticorps spécifique de la protéine sensibilisante Union de l'IgG à l'intrus pour former un complexe immun, responsable des réactions inflammatoires en chaîne Impossibilité fréquente d'élimination des complexes immuns du fait de leur nombre. Accumulation des déchets dans les tissus corporels
Quantité d'allergène	Déclenchement à partir d'une petite quantité de l'aliment allergisant	Déclenchement selon la fréquence d'ingestion et la quantité du ou des aliments incriminés
Symptômes	Manifestation extériorisée (conjonctivite, diarrhée, écoulement nasal), parfois violente (choc anaphylactique)	1. Inflammation digestive discrète associée à des troubles fonctionnels digestifs apparemment bénins (inconfort digestif, douleurs abdominales…) 2. Inflammation chronique silencieuse avec forte porosité de la muqueuse intestinale 3. Symptômes divers et variés, touchant la plupart des tissus
Chronologie	Réaction immédiate : de quelques minutes à 2 heures	Symptômes à retardement : plusieurs heures à plusieurs jours (voire très long terme)
Âge concerné	Fréquence importante chez les enfants. Évolutions possibles de l'allergie voire disparition Moindre prévalence chez les adultes, mais, dans ce cas, allergie définitive	Fréquence plus importante chez les adultes que les enfants : « pathologie d'encrassage » du fait de l'accumulation des déchets dans l'organisme

Quels sont les allergènes alimentaires les plus fréquents ?

Si tous les aliments peuvent en principe causer une allergie alimentaire, certains sont sans conteste plus sensibilisants que d'autres. Voici les principaux allergènes alimentaires par ordre de fréquence décroissante *(Données du Dr Mouton)* :

Allergies à IgE (allergies classiques)	Allergies à IgG (intolérances)
Lait de vache	Lait de vache
Œuf	Céréales à gluten
Poisson	Soja
Soja	Betterave sucrière
Arachide	Cacao
Blé	Banane
Crevette, crustacés	Sésame
Sésame	Ail
Céleri	Œuf
Tomate	Levure de boulanger
Kiwi	Moutarde
Levure	Paprika
Noix, noisette	
Orange	

Notons que de nombreux aliments relèvent à la fois d'une allergie et d'une intolérance.

L'intolérance au gluten et la maladie cœliaque

En Europe, l'intolérance au gluten touche entre **1 personne sur 100 à 300 personnes**. Elle peut se révéler à n'importe quel âge, mais le plus souvent chez le nourrisson et l'enfant. La maladie cœliaque, plus rare, constitue une intolérance permanente au gluten.

Qu'est-ce que le gluten et quels aliments en contiennent ?

Toutes les céréales contiennent des protéines en quantités variables. Celles-ci se répartissent en différents groupes et, parmi eux, on trouve le groupe « gluten » : il s'agit des gliadines du **blé**, des sécalines du **seigle**, des hordéines de l'**orge** et des adénines de l'**avoine.**

Les sources primaires de gluten sont donc les céréales suivantes : blé, kamut, seigle, orge, épeautre, avoine.

Mais, parce que ces céréales entrent dans la composition de **nombreux aliments dérivés,** on trouve du gluten dans une multitude d'aliments au quotidien :

— Pain, pain de mie, brioche, biscottes
— Biscuits, pâtisseries
— Biscuits apéritifs
— Pâtes alimentaires, boulgour, semoule à couscous
— Pâtes à tarte, à pizza, feuilles de bricks, feuilletés, panures.

Par ailleurs, du fait de ses propriétés liantes, gonflantes ou anti-agglomérantes, les protéines du blé constituent un ingrédient de choix pour les agro-industriels en tant qu'**additif alimentaire** ou adjuvant. Le gluten est donc présent dans un grand nombre de produits industriels : bouillons cubes, plats préparés, croquettes et beignets, crèmes glacées, sauces Béchamel ou autres, préparations de viande (boulettes…).

Pourquoi devient-on hypersensible au gluten ?

Comme pour toutes les allergies, les causes sont multifactorielles.

Tout d'abord, la **prédisposition génétique** est un élément-clé : l'hypersensibilité au gluten est héréditaire dans 10 % des cas.

Parfois, des facteurs extérieurs comme un élément infectieux, viral ou bactérien, une grossesse, un stress intense peuvent déclencher l'apparition de l'allergie qui *couvait*. Mais tous ces mécanismes restent encore insuffisamment connus.

En outre, les céréales ont subi un grand nombre de transformations au cours des derniers siècles. Si les céréales anciennes, telles que le riz, le quinoa ou le sarrasin, ont peu ou pas évolué génétiquement et restent bien tolérées, les céréales modernes ont été progressivement **sélectionnées et mutées** pour des besoins technologiques. C'est le cas du blé, de l'orge, du seigle, du maïs ou encore de l'avoine.

La boulangerie industrielle privilégie les **farines de blé de plus en plus riches en gluten.**

Grâce à leur importante capacité d'absorption d'eau, les pains obtenus sont plus gonflés, moelleux et s'émiettent moins.

Or notre organisme n'a pas réussi à s'adapter à ces considérables transformations structurelles des aliments. De ce fait, **nos enzymes digestives ne reconnaissent plus le gluten originel et ne le digèrent plus aussi bien**.

Notons que la sensibilité de l'organisme sera amplifiée par une consommation quotidienne de blé, associée à une forte ingestion de produits laitiers animaux, qui fragilise davantage la paroi intestinale irritée.

Comment se manifestent l'intolérance au gluten et la maladie cœliaque ?

Les symptômes de l'intolérance au gluten vont du simple inconfort digestif aux troubles graves.

Sous l'effet des protéines constituant le gluten, la muqueuse intestinale subit une inflammation. Les villosités de l'intestin grêle, innombrables plis et replis responsables de l'assimilation des nutriments, s'altèrent progressivement. Au bout de quelques années, la paroi intestinale est lisse et la surface d'absorption très réduite. Il en résulte une **malabsorption** qui conduit à des carences (fer, calcium et vitamine B9 notamment). L'**inflammation chronique** se traduit quant à elle par des symptômes multiples et variés : éternuement, larmoiement des yeux, nez encombré, crampes, sueurs, éruptions cutanées, fatigue, nausées et bien d'autres perturbations.

La diversité complexifie l'identification médicale de la cause allergique, souvent ignorée ou méconnue des praticiens. Par défaut, l'intolérance au gluten chez l'adulte est souvent diagnostiquée en tant que syndrome du côlon irritable.

La maladie cœliaque est la forme la plus grave de l'intolérance au gluten.

La forme classique de la maladie débute entre 6 et 24 mois, après introduction du gluten dans l'alimentation. Les jeunes enfants présentent des symptômes digestifs, un poids faible et un retard de croissance. C'est la forme la plus connue, mais la maladie peut survenir à tout âge.

Chez l'adulte (forme tardive de la maladie), les symptômes digestifs sont plus ténus ou même parfois absents. D'autres affections témoignent cependant de la maladie : carence en fer, ostéoporose, arthrite... Les affections peuvent être handicapantes et parfois irréversibles.

Seul traitement à ces maladies : l'**exclusion totale du gluten**. Elle se révèle ardue au quotidien lors de l'approvisionnement ou des repas en collectivité. Chaque liste des ingrédients doit être épluchée en détail, chaque recette connue. Une vigilance de tous les instants.

Manger sans gluten

D'un point de vue diététique, il est tout à fait possible de s'alimenter correctement en évitant les produits contenant du gluten.

Sources de glucides complexes, de fibres et de minéraux, les céréales à gluten peuvent être avantageusement remplacées par d'autres céréales, mais aussi des tubercules ou des légumineuses :

Famille d'aliment	Type d'aliment	Formes d'utilisation			
		Entier	Farine et fécule	Flocons	« Lait »* et « crème »*
Céréales	Maïs	✔	✔	✔	
	Millet	✔	✔	✔	✔
	Sarrasin	✔	✔	✔	✔
	Quinoa	✔	✔	✔	✔
	Riz	✔	✔	✔	✔
Tubercules	Pomme de terre	✔	✔		
	Patate douce	✔			
	Topinambour	✔			
	Manioc	✔			
	Arrow-root	✔	✔		
Légumineuses	Lentilles	✔	✔		
	Pois chiches	✔	✔	✔	
	Haricots divers	✔			
	Pois cassés	✔			
	Soja	✔	✔	✔	✔
Châtaigne		✔	✔	✔	✔
Fruits oléagineux	Noix	✔			
	Noisette	✔			✔
	Amande	✔			✔
	Sésame	✔			

La difficulté réside dans le **choix plutôt restreint** et le **coût** des produits sans gluten, notamment lorsqu'ils sont hyper transformés (pain sans gluten, pâtes sans gluten).

La meilleure solution reste sans aucun doute la ***cuisine maison***, ceci afin de diversifier les repas et d'alléger le budget. Riz, quinoa, millet, légumineuses et tubercules, **farines sans gluten**, voici les ingrédients de base d'une une cuisine variée, au coût modéré. La préparation des céréales et légumineuses, plutôt aisée, s'acquiert rapidement. Les farines sans gluten s'avèrent **plus difficiles à mettre en œuvre**. Quelques conseils et astuces présentés dans les chapitres suivants ne seront pas trop !

Enfin, si le remplacement systématique du blé constitue une contrainte, force est de constater que l'on élargit sa palette gustative avec de nouvelles saveurs. Vers une nouvelle approche du plaisir par une alimentation sans gluten ?

L'intolérance et l'allergie aux protéines du lait de vache

L'intolérance aux protéines du lait de vache serait la plus fréquente des intolérances alimentaires chez l'enfant de moins d'un an. Elle atteint son pic d'incidence à 2 ans, touchant 8 % des enfants. Étrange ? Pas tant que cela…

Le lait maternel correspond aux besoins du bébé tant en terme de composition, adéquate pour une croissance optimale, que de facilité de digestion. Ce qui n'est pas le cas du lait de vache, adapté quant à lui aux besoins du veau.

Si l'on n'a jamais consommé autant de produits laitiers dans les sociétés occidentales, les intolérances au lait de vache n'ont jamais été aussi fréquentes.

Quelles sont les protéines du lait de vache et quels aliments en contiennent ?

Le lait de vache entier présente la composition moyenne suivante :

Nutriment	Quantités pour 100 ml
Protéines	3,0 - 3,5 g
Lipides	3,5 – 4,0 g
Glucides	4,5 – 4,0 g
Calcium	115 mg
Phosphore	84 mg

80 % des protéines du lait de vache sont des caséines, phosphoprotéines très peu présentes dans le lait maternel. Les 20 % restants sont des protéines solubles.

63 % des lipides sont des acides gras saturés.

Le lactose est quasiment le seul représentant des glucides du lait.

On retrouve les protéines du lait de vache dans les produits laitiers tels que le **yaourt**, le **fromage blanc**, la **crème dessert** et la **crème glacée**, les **fromages** en tous genres, le **beurre** et la **crème fraîche**.

Le lait constitue également l'ingrédient central de nombreux plats : entremets, flans, clafoutis, quiches, soufflés, sauce Béchamel, etc. Les protéines du lait de vache entrent dans la composition d'autres produits, parfois inattendus : biscuits, charcuteries, médicaments... Elles jouent alors le rôle d'additif (émulsifiant).

Pourquoi devient-on hypersensible aux protéines de lait ?

Encore une fois, l'**hérédité** reste une cause prépondérante.

Par ailleurs, le lait est un **aliment relativement difficile à digérer**, même pour les individus sains.

L'estomac humain ne possède pas l'équipement enzymatique nécessaire à digestion des caséines, à la différence des ruminants qui synthétisent la présure. Le lait contenu dans les fromages et les yaourts est un peu plus digeste du fait de sa ***prédigestion*** par la voie de la fermentation.

À ceci s'ajoute la **mauvaise tolérance du lactose**. La lactase, présente chez le nouveau-né pour digérer le lait maternel, diminue progressivement à partir de la fin de l'allaitement jusqu'à l'âge adulte. On estime que plus de 70 % des individus seraient intolérants au lactose après 50 ans. Mal digéré, il induit un déséquilibre de la flore intestinale, mais n'a pratiquement pas de conséquences immunitaires, contrairement aux protéines du lait de vache.

Enfin, l'**hyperconsommation des produits laitiers** dans les sociétés occidentales, phénomène relativement récent, sollicite en permanence les fonctions digestives, peu adaptées à leur métabolisation. Or, il faut beaucoup de temps pour que l'organisme évolue sous la pression de l'environnement. Nous sommes encore incapables de produire les enzymes permettant la digestion des protéines du lait de vache. Demain peut-être ?

Comment se manifeste l'intolérance aux protéines du lait de vache ?

L'intolérance aux protéines du lait se traduit une irritation des parois de l'intestin. La muqueuse présente normalement des petits orifices qui permettent le transfert des éléments nutritifs dans le sang. **Sous l'effet de l'inflammation, les cellules intestinales s'écartent, laissant passer de grosses molécules** telles que des morceaux de peptides peu ou pas digérés, des débris de bactéries, etc. Ces molécules, inappropriées dans le milieu sanguin, déclenchent des réactions en chaîne.

Les protéines du lait de vache conduisent également une **malabsorption de vitamines du groupe B et de minéraux** (calcium, magnésium et potassium), provoquant une ostéoporose inattendue. On observe en effet le taux maximal de fractures du col du fémur, chez les femmes, dans les 7 pays les plus gros consommateurs de produits laitiers. On en dénombre 20 fois moins en Afrique et au Japon, où la consommation de laitages est quasiment inexistante.

L'inflammation de la muqueuse intestinale est accentuée par l'action néfaste des caséines vis-à-vis des polyphénols. Ces composés anti-inflammatoires sont bloqués par les caséines et ne peuvent plus jouer leur rôle antioxydant.

Manger sans protéines de lait de vache

La suppression des protéines allergisantes réside dans l'**arrêt de la consommation de produits laitiers** : lait, beurre, crème et leurs dérivés. Ils sont relativement faciles à remplacer par les nombreux laits végétaux, margarines et crèmes végétales (cf. chapitre suivant).

Le plus délicat reste de se passer de fromages, dont la saveur et la texture sont difficilement imitables. Il est alors nécessaire de cuisiner autrement, en agrémentant les plats de fruits oléagineux concassés (noisettes, amandes…), de légumes, d'herbes aromatiques ou encore d'épices.

La suppression des produits laitiers pose la question **du risque de carence en calcium.** Chaque jour, notre organisme utilise 600 à 800 mg de calcium pour son fonctionnement. Les apports conseillés sont donc d'environ 800 mg/jour pour un adulte, 1200 mg pour un enfant ou adolescent.

Lobbying agroalimentaire ou habitudes de consommation historiquement ancrées, on pense souvent — à tort ! — que le calcium se trouve uniquement dans les produits laitiers. Bien d'autres aliments en fournissent :

- Fruits secs notamment amandes, noisettes, pistaches et produits dérivés
- Sésame complet
- Légumes secs
- Soja et produits issus du soja (tofu, « yaourt », « lait »…)
- Persil, cresson, épinards
- Œufs
- Sardine, anchois, crabe, bulot
- Algues, à utiliser notamment en supplémentation
- Eaux minérales, en particulier Contrex® et Hépar®.

Si l'on souhaite minimiser les risques de carence, il est conseillé de boire régulièrement ces eaux minérales fortement concentrées en calcium.

Les « laits végétaux » et « crèmes végétales »

C'est ainsi que l'on désigne couramment — et abusivement — les produits végétaux utilisés en lieu et place des laits et crèmes issus d'animaux. Dans le commerce, on trouve plutôt les laits végétaux sous la dénomination « boissons de… ».

Atouts santé

Les laits végétaux occupent une place de choix dans une alimentation équilibrée. Ceci pour plusieurs raisons :

- Absence de graisses animales et de cholestérol
- Absence de lactose d'où une bonne digestibilité
- Présence de fibres alimentaires
- Enrichissement possible en calcium, point non négligeable pour compléter les apports quotidiens.

Le tableau ci-après recense, de manière non exhaustive, différents laits « végétaux » ou animaux afin de comparer leurs apports :

Produit	Marque	Énergie	Protéines (g/100 ml)	Glucides (g/100 ml)	Lipides (g/100 ml)	Fibres (g/100 ml)	Calcium
Amandina	Perl'Amande	59	1,6	4,3	4,1	0,5	*
Nutrinoisette	Evernat	51	0,6	6,1	2,7	1	*
Quinoa	Ecomil	46	1,5	3,7	2,6	0,6	*
Riz sarrasin	Bonneterre	55	0,3	11	1	0,5	*
Riz calcium	Bonneterre	70	0,2	13,5	1,5	0,1	120
Soya natural	Provamel	35	3,7	0,1	2,1	*	*
Soya plus calcium	Provamel	45	3,7	2,4	2,1	*	120
Lait de vache 1/2 écrémé	Evernat	45	3,2	4,8	1,6**	0	115
Lait de vache écrémé	Biogam	32	3,1	4,8	0,2	0	115

** Données non disponibles* *** Dont 1 g d'acides gras saturés*

De la même façon, les crèmes végétales sont exemptes de graisses animales, de cholestérol et de lactose. Elles permettent de lier les préparations avec un faible apport énergétique.

Les diverses « crèmes végétales » et animales sont ici comparées d'un point de vue nutritionnel :

Produit	Marque	Énergie (kcal/100 ml)	Protéines (g/100 ml)	Glucides (g/100 ml)	Lipides (g/100 ml)
Rice cuisine	The Bridge	162	1,6	23,1	7
Soya cuisine	Soy	135	3,1	3,4	12
Cuisine Amande	Ecomil	87	0,6	1,7	8
Lait de coco		211	2	2,8	21,3 (dont 18,3 saturés)
Crème de vache 30 % de MG		294	2,3	3,7	30 (dont 19,3 saturés)

Notons que le lait de coco classique (et non la boisson de coco qui est un lait végétal) doit être assimilé, d'un point de vue nutritionnel, à une graisse végétale plutôt qu'un lait. Relativement gras, sa composition se rapproche de la crème fraîche animale.

Diversité

Fabriqués principalement à partir de **fruits oléagineux** ou de **céréales**, les laits végétaux offrent une **grande diversité de compositions et de saveurs**. Parmi eux, on trouve :

- des ***passe-partout*** en terme de goût, tant pour la réalisation de mets salés que sucrés (soja, riz)
- des intensément savoureux (noisette, amande, châtaigne, coco)
- des mélanges, intéressants en terme d'équilibre de saveurs (riz-sarrasin, millet-amande-noisette).

On recense parmi les crèmes végétales des crèmes de soja, de riz et d'amande, dont la texture s'apparente à celle d'une crème de vache liquide.

Disponibles en magasin d'alimentation biologique, ces laits et crèmes d'origine végétale séduisent la clientèle et ne cessent de se diversifier. En super et hypermarchés, on trouve bien sûr de la crème et du lait de soja, les plus répandus, mais aussi de plus en plus du lait de riz, d'amande, de noisette ou de châtaigne.

Utilisations culinaires

les laits végétaux et les crèmes végétales s'emploient tout simplement **en lieu et place des laits et crèmes de vache.** Si la texture finale s'avère relativement similaire, le goût est modifié de manière souvent positive et la digestion est améliorée.

Par ailleurs, les saveurs spécifiques de chaque lait végétal apportent une **nouvelle dimension aux recettes salées et sucrées.** On revisite ainsi un plat en ne modifiant qu'un ingrédient ! Citons par exemple un potage de légumes adouci avec un lait de riz, un gratin de pommes de terre avec une Béchamel au lait de noisette ou bien un clafoutis de poires au lait d'amandes.

Duo d'houmous (recette p. 35)

Les tapas

Pour des apéritifs inventifs et appétissants

Des produits sains,
des préparations express,
des convives épatés !

Champignons farcis (recette p. 29)

Recevoir vos amis pour un apéritif dînatoire sans gluten et sans lait, quel challenge !

Sortir des traditionnels toasts et des feuilletés au fromage n'est pas une tâche aisée. Cela oblige à revisiter les recettes classiques avec des ingrédients alternatifs ou bien à se passer complètement des produits céréaliers et laitiers.

Les **bouchées apéritives**, relativement nourrissantes, peuvent être raffinées ou ***relax*** selon l'occasion à célébrer. Tout se joue dans les ingrédients choisis, mais aussi la présentation. Misez sur les couleurs variées sans oublier les graines et les herbes aromatiques en guise de décoration.

Plus classiques, mais toujours plébiscités, les cakes salés restent une valeur sûre. Découpés en cubes ou sous forme miniature (moules à muffins ou à financiers), ils sont inratables ! La preuve page 69.

Préparations onctueuses, les **dips** peuvent être consommés tels quels avec des crudités : bâtonnets de carotte ou de concombre, radis, pointes d'asperges, bouquets de chou-fleur, feuilles d'endives, ce n'est pas le choix qui manque.

On peut également les tartiner sur des mini blinis sans gluten (recette p. 86) ou des crêpes maison (recette p. 87) étroitement roulées puis découpées. Si vous manquez de temps, les toasts sans gluten du commerce sont toujours utiles.

Tomates cerises d'amour

Ingrédients (pour 6)

12 tomates cerises
100 g de sucre blond de canne
Graines de pavot et de sésame

Préparation (15 minutes)

Piquer les tomates cerises d'un cure-dent à l'emplacement du pédoncule.

Disposer le pavot et le sésame dans 2 coupelles.

Avec 100 g de sucre bond et 2 cuillères à soupe d'eau, réaliser un caramel assez liquide. Stopper la cuisson dès qu'il commence à brunir.

Tremper la moitié inférieure de chaque tomate dans le caramel puis dans le pavot ou le sésame afin de les revêtir de graines.

Placer les tomates dans une jolie assiette.

Côté pratique

Gourmand, croquant et collant !
Ces pommes d'amour revisitées se révèlent pleines de surprises...
Conservez-les au frais jusqu'à la dégustation, sous peine de voir votre caramel couler !

Champignons farcis aux oignons, aux pommes et au jambon de pays

Ingrédients (pour 8)

16 champignons de Paris d'une taille homogène
Huile d'olive
2 oignons
1 pomme
2 tranches épaisses de jambon de pays
Sel, poivre

Préparation (55 minutes)

Ôter les pieds des champignons. Peler les chapeaux à l'aide d'un couteau.

Peler les oignons et la pomme. Les émincer finement avec les pieds des champignons (ou les passer quelques secondes au robot).

Dans une poêle huilée, cuire cette garniture à feu doux. Lorsque les oignons sont blonds, stopper la cuisson et ajouter le jambon coupé en petits dés. Saler et poivrer.

Garnir les chapeaux des champignons avec la préparation. Les placer dans un plat huilé. Cuire 20 à 35 minutes, selon la taille des champignons, à 170 °C Déguster chaud.

(Photo p. 26)

Côté pratique

Voici une préparation qui produit toujours son petit effet... N'hésitez pas à varier la garniture selon vos envies et le contenu de vos placards. Un chutney ou un confit d'oignons du commerce se marieront également délicieusement avec le champignon de Paris.

Wraps de rôti de porc, salade, tomates séchées

Ingrédients (pour 6)

Pour 2 tortillas maison :
2 crêpes classiques aux farines de riz et de maïs (recette page 87)

Pour la garniture :
2 tranches de rôti de porc
Quelques feuilles de salade
4 tomates séchées
Crème végétale
Moutarde

Préparation (30 minutes)

Pour la préparation des crêpes, se référer à la recette de crêpes classiques page 87.

Dans un petit bol, mélanger une cuillère à café de moutarde avec un trait de crème végétale. Étaler cette sauce sur les crêpes.

Détailler le rôti de porc et les tomates séchées en fines lamelles. Les répartir sur les crêpes puis positionner les feuilles de salade dépliées de manière homogène.

Rouler étroitement les wraps et les placer au frais en attendant la dégustation. On peut éventuellement maintenir leur forme en les entourant d'un film étirable.

Couper en tranches à la dernière minute pour la présentation.

Côté pratique

Bouchées tendance à l'apéritif ou en-cas malins pour manger sur le pouce, les wraps consistent à garnir librement et à enrouler une galette de maïs. Attention ! Les tortillas du commerce sont souvent composées d'un mélange de farines de maïs et de blé.

Rillettes de saumon à l'huile de noix et à la clémentine

Ingrédients (pour 8)

100 g de saumon frais
1 petite gousse d'ail
Huile de noix
2 clémentines
Sel, poivre
Facultatif : 1 tranche de saumon fumé en lanières

Préparation (20 minutes) :

Ôter la peau du saumon. Le faire cuire environ 10 minutes à la vapeur jusqu'à ce que l'ensemble de la chair blanchisse (vous pouvez le prédécouper pour gagner du temps).

Laver les clémentines. En râper délicatement la peau pour récupérer le zeste. Les couper en 2 et les presser.

Une fois le saumon cuit, le mixer avec l'ail, un peu de jus des clémentines, la moitié des zestes et un filet d'huile. Ajuster l'assaisonnement avec le sel et le poivre, la texture avec l'huile ou le jus.

Dresser les rillettes dans des petites verrines, sur un lit de purée de pois cassés. Décorer avec des lanières de saumon fumé. Les rillettes peuvent également se tartiner sur des blinis maison (recette p. ?) ou des toasts sans gluten du commerce.

Atout santé

Le saumon est un poisson dit ***gras*** en comparaison avec les poissons blancs, plus maigres. Toutefois, il regorge d'acides gras polyinsaturés, dont notre alimentation manque régulièrement, et notamment les fameux oméga 3 qui B5, B6, B12), D, mais aussi de minéraux (phosphore, sélénium et calcium).

Chips de patate douce

Ingrédients (pour 6)

1 patate douce
Huile d'olive
Herbes de Provence
Sel, poivre

Préparation (25 minutes)

Préchauffer le four à 170 °C.

Éplucher la patate douce. La détailler en rondelles très fines au couteau, à la trancheuse ou au robot.

Étaler les tranches sur une plaque du four recouverte de papier cuisson. À l'aide d'un pinceau, les badigeonner d'huile d'olive. Parsemer d'herbes de Provence, saler et poivrer.

Cuire 20 minutes à 170 °C. Retourner à mi-cuisson à l'aide d'une spatule.

Atout santé

Allégées en matières grasses, ces chips de patate douce enthousiasment les palais raffinés !
Leur couleur attrayante provient des anthocyanines de la patate douce. Ces pigments, au pouvoir antioxydant, auraient un effet bénéfique sur la santé cardiovasculaire et sur le foie.
Une recette à tester avec d'autres légumes racines tels que la carotte, la betterave, le panais ou encore le radis noir…

Duo d'houmous

Ingrédients (pour 6)

120 g de pois chiches cuits (environ 40 g crus)
120 g de pois cassés cuits (environ 40 g crus)
2 cuillères à soupe de purée de sésame ou tahin
2 cuillères à soupe d'huile d'olive
2 cuillères à soupe de jus de citron
1 échalote
Paprika, cumin, sel

Préparation (10 minutes)

Réchauffer les pois chiches quelques instants dans leur jus.

Les égoutter puis les mixer avec une cuillère de tahin, d'huile d'olive et de citron.

Ajouter la moitié de l'échalote ciselée.

Assaisonner selon votre goût avec le paprika, le cumin et le sel. Fluidifier éventuellement l'houmous avec un peu de jus de cuisson.

Procéder de même avec les pois cassés. Varier éventuellement l'assaisonnement avec des graines d'anis vert ou de la coriandre.

(Photo p. 24)

Atout santé

Pois chiches et pois cassés, de la famille des légumineuses, se distinguent par leurs apports en protéines végétales, en minéraux et en fibres alimentaires. Une fois cuites et réduites en purée ou en soupe, ces dernières sont totalement broyées et alors très digestes.

Douceur de betterave à la menthe

Ingrédients (pour 6)

2 petites betteraves cuites (250 g)
8 à 10cL de crème de soja
Menthe (ou ciboulette)
Graines de sésame

Préparation (5 minutes)

Découper les betteraves en 8. Mixer au robot avec la crème afin d'obtenir une texture assez lisse.

Ajouter la menthe ciselée ainsi que les graines de sésame. Mixer à nouveau. Assaisonner si besoin.

Répartir dans des verrines ou bien dans un petit bol.

Atout santé

Colorée et parfumée, cette crème onctueuse égaye les apéritifs. La couleur vive de la betterave provient des bétalaïnes, une famille de pigments. Antioxydants, ces pigments contribuent à protéger les cellules du corps des dommages causés par les radicaux libres.

Caviar de poivron rouge aux noisettes

Ingrédients (pour 6)

1 poivron rouge
1 poignée de noisettes entières
1 grosse cuillère à soupe de purée de noisette
1 cuillère d'huile d'olive

Préparation (5 minutes)

Laver le poivron, en prélever la moitié. L'épépiner et le couper en gros morceaux.

Placer dans le bol du robot avec les autres ingrédients. Mixer afin d'obtenir une texture plus ou moins lisse, selon les goûts.

Atout santé

Rapide et savoureuse, cette préparation permet de consommer le poivron cru et de bénéficier ainsi de sa richesse en vitamines C et A. Associé aux noisettes et à l'huile d'olive, voici le dip idéal pour un apéritif sain.

Mon tout premier pain sans gluten

Ingrédients (pour 8)

300 g de farines (dont au moins ¼ de fécule, pour le moelleux)
50 g de noisettes en poudre
1 sachet de levure de boulanger sans gluten
3/4 d'une cuillère à café de sel
350 ml d'eau tiède
2 cuillères à soupe d'huile d'olive

Préparation (2 h 30)

Délayer la levure dans l'eau tiède. Mélanger, à la main ou au robot, les farines avec les noisettes, le sel, l'huile et la levure délayée dans l'eau tiède.

Laisser lever votre pâte 1 h dans le four chauffé 8 minutes à 100 °C puis éteint (elle doit doubler de volume).

Verser la pâte dans un moule à cake huilé. Avec une spatule mouillée, lisser la surface.

Cuire au four, avec 2 bols d'eau (pour la vapeur), 1 h à 220 °C à chaleur tournante. Démouler rapidement après cuisson.

Côté pratique

Ma recette préférée :

75 g de farine de riz
75 g de farine de maïs
75 g de farine de sarrasin
75 g de fécule de maïs

Les salades composées

Pour des repas ensoleillés, complets et gourmands

Un reste de céréale ?
Quelques légumes dans le réfrigérateur ?
Une dizaine de coups de couteau, un tour au robot, une pincée d'herbes :
le tour est joué !

Salade de riz thaï (recette p. 47)

La belle saison arrivée, quoi de mieux qu'une salade composée pour profiter des légumes du moment ? Fraîcheur, légèreté et plaisir sont les maîtres mots.

Si toutes les salades apparaissent à nos yeux ***diététiquement correctes***, certains pièges sont à éviter. Par exemple, les traditionnelles salades niçoise ou piémontaise fournissent essentiellement des féculents pour très peu de légumes (quelques rares dés de tomates...).

Alors comment confectionner une salade équilibrée ?

Veiller à la composition d'une salade ne se comprend pas que du point de vue de la nutrition. Jouez également avec les couleurs, qui stimulent l'appétit, les saveurs et les textures pour éviter la monotonie. Quelques bonnes bases :

• 1/3 à 1/2 (selon l'appétit) du volume final en féculents

• 2/3 à 1/2 du volume final en légumes aux couleurs variées

et éventuellement :

• des herbes aromatiques

• des graines

• des protéines animales

• des légumes secs (dans ce cas, diminuez ou remplacez totalement la quantité de féculents).

N'hésitez pas à recycler vos restes : un peu de quinoa de la veille, une tomate esseulée au fond du bac à légumes, un demi-citron.

L'assaisonnement contribuera également à la saveur finale de votre plat. Variez les ingrédients à volonté :

• La base acide : citron, jus d'orange, vinaigre balsamique, de vin ou de cidre

LÉGUMES		FRUITS	
CRUS	**CUITS**	**FRAIS**	**SECS**
Salade verte	Brocoli	Pomme	Raisins secs
Mâche	Chou fleur	Poire	Abricots
Endive	Asperge	Figue	Pruneaux
Roquette	Cœur de palmier	Pamplemousse	Dattes
Chou vert	Fond d'artichaut	Raisin en grains	Cranberries
Chou rouge	Haricot vert		
Chou chinois	Betterave		
Tomate			
Concombre			
Poivron			
Radis			
Carotte			
Céleri			
Champignon			
Céleri branche			
Fenouil			
Oignon rouge			
Échalote			

Une agréable note sucrée !

• Le liant : moutarde classique ou à l'ancienne, avocat mixé (comme un guacamole), purée d'amande ou de cacahuète ou de sésame (tahin)

• Les huiles : olive, noix, colza, sésame.

Voici les ingrédients ressources des salades composées, pour ne jamais vous lasser :

HERBES	GRAINES	AUTRES CONDIMENTS	APPORT PROTÉIQUE
Ciboulette	Graines de courge	Cornichons	Jambon
Menthe	Sésame	Oignons grelots	Bacon
Persil	Graines de tournesol	Tomates séchées	Rôti de porc
Coriandre	Noix	Olives vertes ou noires	Rôti de bœuf
Aneth	Noisettes		Foies de volaille
Basilic	Amandes		Gésiers de volaille
			Chorizo
			Œufs durs
			Thon
			Maquereau
			Sardine
			Saumon cuit
			Surimi
			Miettes de crabe
			Tofu aux herbes, fumé ou préparé dans une marinade maison
			Légumes secs

De la couleur et du goût !	Un croquant irrésistible !		

Taboulé incontournable aux légumes et à la menthe

Ingrédients (pour 6)

90 g de semoule sans gluten riz-maïs ou riz
2/3 d'un concombre
1 poivron rouge
3 tomates bien en chair
Menthe fraîche ou surgelée
Jus de citron, huile d'olive

Préparation (15 min)

30 minutes avant, mesurer le volume de semoule et la transvaser dans un saladier. La recouvrir du même volume d'eau bouillante salée. Laisser gonfler 10 minutes à couvert puis égrainer délicatement à la fourchette.

Epépiner le poivron, le découper grossièrement. Peler le concombre, l'évider et le découper en gros tronçons. Mixer les légumes au robot avec la menthe.

Rincer les tomates et les détailler en dés.

Mélanger les légumes avec la semoule, assaisonner avec un trait d'huile d'olive et de citron.

Côté pratique

Simple et rapide, le taboulé est la salade idéale des cuisiniers pressés : la semoule n'a pas besoin de cuire comme les autres céréales, elle gonfle rapidement au contact de l'eau bouillante.
On trouve aujourd'hui en magasin d'alimentation biologique des semoules à base de riz et/ou de maïs qui se substituent parfaitement à la semoule de blé. Le quinoa ou le millet se prêtent aussi très bien au taboulé.

Salade de lentilles vertes, carottes, mesclun, lardons et noix

Ingrédients (pour 6)

400 g de lentilles cuites (ou 120 g sèches)
3 carottes
200 g de lardons fumés
10 noix
3 grosses poignées de mesclun
1 oignon
Moutarde, vinaigre balsamique et huile de noix

Préparation (15 minutes)

Peler les carottes et utiliser l'économe pour en prélever des fines lamelles.

Trier, laver et essorer la salade.

Peler et émincer finement l'oignon cru.

Poêler quelques minutes les lardons.

Assembler le tout et assaisonner d'une vinaigrette bien corsée en moutarde, adoucie avec de l'huile de noix.

Atout santé

Très riches en fibres alimentaires (5 g par portion, soit 20 % des apports quotidiens conseillés), les lentilles sont les plus digestes des légumineuses. Avec d'excellentes teneurs en protéines végétales, fer et vitamine B9, les lentilles constituent un aliment santé incontournable.

Salade de riz thaï, chou vert, pomme, fenouil, noisettes

Ingrédients (pour 6)

2 petits verres de riz thaï
1 grosse pomme
1/4 de chou vert
1 petit fenouil
1 poignée de noisettes
Huile de noisette
Sauce soja

Préparation (20 minutes)

La veille, placer le riz dans une casserole, ajouter le même volume d'eau froide et laisser cuire à feu doux, une quinzaine de minutes, avec un couvercle. Ce mode de cuisson permet à la céréale d'absorber exactement la bonne quantité d'eau. Lorsque le riz est cuit, couper le feu et laisser reposer 5 minutes avec le couvercle. Puis transvaser dans un saladier.

Le lendemain, peler la pomme, l'épépiner et la découper en gros morceaux. Ôter les premières feuilles du fenouil si elles sont abîmées et l'émincer grossièrement. Placer la pomme et le fenouil dans le bol du robot, ajouter la poignée de noisettes et mixer quelques secondes. Ajpiter dans le saladier avec le riz.

Toujours au robot, râper le chou blanc et l'ajouter au riz. Mélanger le tout avec un trait de sauce soja et d'huile de noisette.

(Photo p. 40)

Atout santé

L'association chou vert et fenouil crus vous garantit le plein de vitamine C et d'antioxydants ! Les noisettes ne sont pas en reste avec un apport en bonnes graisses végétales. En plat principal, on peut compléter cette salade en protéines avec des œufs durs ou bien des lanières de jambon fumé.

Salade de quinoa, carotte, radis noir, noisettes et raisins secs

Ingrédients (pour 6)

80 g de quinoa cru ou 240 g cuit
2 radis petits noirs
3 carottes
1 petite poignée de raisins secs
1 poignée de noisettes
Moutarde à l'ancienne
Miel
Vinaigre balsamique
Huile d'olive

Préparation (20 min)

Une heure avant, cuire le quinoa dans un grand volume d'eau salée. L'égoutter et le laisser refroidir.

Peler les carottes et les radis. Les râper au robot (utiliser de préférence la râpe moyenne plutôt que la fine). Mixer grossièrement les noisettes.

Mélanger le tout avec le quinoa.

Préparer une vinaigrette avec une cuillère à café de moutarde mélangée à une cuillère à café de miel liquide. Fluidifier avec un trait de vinaigre puis un filet d'huile.

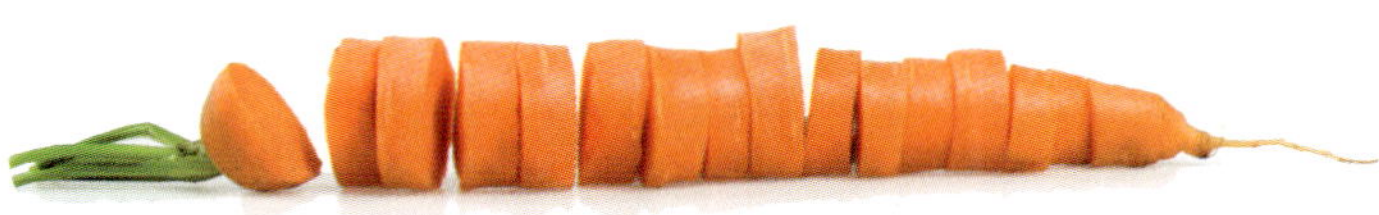

Côté pratique

Idéale aux mi-saisons, cette salade ravira les amateurs de sucré-salé. La fraîcheur légèrement piquante du radis se marie délicieusement avec les notes sucrées de la carotte et des fruits secs.

Salade de quinoa, avocats, tomates, haricots rouges, basilic et graines de courge

Ingrédients (pour 6)

80 g de quinoa cru ou 240 g cuit
3 avocats bien mûrs
90 g de haricots rouges cuits en conserve
3 belles tomates
1 poignée de graines de courge
Basilic

Préparation (20 min)

Une heure avant, cuire le quinoa dans un grand volume d'eau salée. L'égoutter et le laisser refroidir.

Tailler les tomates et les avocats en morceaux de taille homogène.

Mélanger le tout, adjoindre les haricots rouges, une poignée de graines de courge ainsi que le basilic émincé.

Assaisonner avec un vinaigre de vin et une huile de pépins de courge.

Atout santé

Voici une salade repas complète, alliant céréales, légumineuses et légumes frais ! Avec le quinoa, vous faites le plein de protéines de haute qualité, de fibres et de minéraux notamment le fer et le calcium. Les haricots complètent ce plat avec des protéines végétales et des fibres alimentaires en quantité.

Salade de millet, tomates sèches et fraîches, brocoli et persil

Ingrédients (pour 6)

100 g de millet
150 g de brocoli (frais ou surgelé)
150 g de tomates cerises
6 tomates séchées
Persil
Vinaigre balsamique, huile d'olive
Facultatif : olives noires

Préparation (25 minutes)

Cuire le millet dans un grand volume d'eau.

L'égoutter, le rincer et le laisser refroidir.

Si le brocoli est frais, en découper soigneusement les bouquets et les jeter dans une eau bouillante salée. Laisser 5 à 8 minutes selon le croquant souhaité. Égoutter, rincer et laisser refroidir.

Découper les tomates cerises et les tomates séchées, ciseler le persil. Mélanger le tout dans un grand saladier. Assaisonner avec le vinaigre et l'huile. Saler éventuellement.

Atout santé

Le millet présente une bonne valeur nutritive avec des apports en glucides complexes, en fibres et en minéraux. Ses grains légèrement croquants apportent une touche d'originalité à cette salade.

Cake aux oignons, endives, pruneaux et lardons,
(recette p. 70)

Les tartes et cakes salés

Pour une soirée entre amis, un pique-nique ou tout autre évènement à partager

Avec un assortiment de farines sans gluten à la maison, reproduisez vos recettes fétiches haut la main !

Tarte muesli à la carotte, au poivron et au chorizo (recette p. 68)

Difficile de tirer un trait sur ces plats incontournables des petits ou grands repas entre amis...

Justement, ce n'est pas la peine : ces quelques pages vont vous initier à la confection de leurs versions sans gluten et sans lait. Après tout, ce n'est pas sorcier. Il suffit d'apprivoiser les différentes farines à disposition : saveurs, textures, utilisations de prédilection... Une chose est sûre, elles offrent un panel gustatif infiniment plus large en comparaison avec l'uniformité du blé.

Les pâtes à tarte nécessiteront probablement un ou deux essais avant de trouver la texture adéquate, ni trop collante ni trop friable, et de maîtriser le ***tour de main***. Les pages suivantes vous guideront pas à pas et proposeront des recettes de tartes alternatives, pour ceux qui ne souhaitent pas se soucier de réalisation de la pâte !

En ce qui concerne les cakes, les farines sans gluten n'ajouteront aucune difficulté. Le seul défi – comme pour un cake à base de blé – sera d'obtenir le moelleux tant recherché, grâce à une garniture copieuse et une cuisson stoppée à temps.

Alors, prêt(e) ? Partez !

ZOOM
Quelles farines sans gluten pour quelles utilisations ?

Il existe une grande variété de farines sans gluten, disponibles en magasins d'alimentation biologique et, progressivement, en grandes et moyennes surfaces. Il est conseillé d'avoir chez soi 3 à 4 farines différentes afin de les combiner dans vos préparations.

Les indispensables

La farine de riz

Très blanche et très fine, elle possède une saveur assez neutre et se prête à toutes sortes de préparations : pâtes à tarte, cakes, gâteau, sauce Béchamel, etc. Une fois cuite, elle apporte parfois une texture friable et sableuse. Pour pallier ce désagrément, l'association avec une autre farine est recommandée.

La farine de sarrasin

De couleur sombre, elle apporte un goût rustique inimitable. Indispensable pour la confection de galettes bretonnes, elle s'adapte à beaucoup d'autres réalisations. Elle a toutefois tendance à ***alourdir*** les préparations si elle est utilisée seule. Il est préférable de la coupler avec une farine de riz ou une fécule de maïs.

La farine de maïs

Elle colore agréablement vos préparations d'un jaune doré. Sa saveur discrète la rend utile pour la confection de toutes sortes de mets.

La fécule de maïs

Poudre blanche fine et volatile, elle allège la texture des cakes et des gâteaux. Compter ¼ à 1/3 de la quantité totale de farine de la recette). Elle épaissit également les crèmes ou les appareils à quiche.

Les originales

La farine de châtaigne

Savoureuse et colorée, elle donne sans conteste un petit ***plus*** à vos réalisations. Du fait de sa densité élevée, il est préférable de la couper avec une farine neutre, telle que la farine de riz, dans une préparation aérée (cake, gâteau).

La farine de lupin

Plutôt ***passe-partout***, elle s'utilise de manière aisée et diversifiée. Pas toujours facile à se procurer cependant.

La farine de pois chiche

Dotée d'une saveur et d'une texture agréables, elle s'utilise dans les plats salés, aussi bien cakes que tartes.

La farine de millet

Elle donne du relief à vos plats. La couper avec une farine neutre pour obtenir une texture satisfaisante.

Les farines de soja et de quinoa

Du fait de leurs saveurs très prononcées, elles s'utilisent de préférence en mélange avec d'autres farines.

Recette de base

Pour une pâte à tarte sans gluten réussie, mieux vaut privilégier l'assemblage de farines aux saveurs et textures différentes, par exemple :

1/2 riz 1/2 sarrasin ou
1/2 riz 1/2 maïs ou
1/3 riz 1/3 millet 1/3 pois chiche.

Proportions pour une tarte

240 g de farines sans gluten
5 cuillères à soupe d'huile d'olive
Sel, eau froide.

Préparation

Façonner la pâte à la main ou, plus aisément, au robot. Placer dans le bol les farines et le sel, ajouter l'huile puis un filet d'eau froide.

Mixer et rectifier la quantité d'eau : la pâte doit perdre sa texture sableuse et se décoller légèrement des parois du robot. Une pâte plutôt aqueuse, donc légèrement collante, sera plus facile à étaler qu'une pâte sèche, plus cassante et friable.

Sur un papier cuisson fariné, étaler la pâte au rouleau : recourir souvent à la farine afin que le rouleau se décolle bien de la pâte. Transvaser avec précaution le papier cuisson dans le moule et peaufiner à la main.

Tarte aux légumes d'été *façon pizza*

Ingrédients (pour 8)

Une pâte à tarte sans gluten riz-millet-pois chiche
2 oignons
1 poivron
1 petite courgette
150 g de dés de jambon
1 boîte de coulis de tomates ou de tomates concassées
Herbes de Provence
Quelques olives

Préparation (1 heure)

Confectionner la pâte selon la recette de base et la laisser reposer.

Peler les oignons. Les émincer ainsi que le poivron. Faire revenir ces légumes 5 minutes dans une poêle avec un filet d'huile d'olive.

Peler la courgette et la détailler en petits cubes. Les ajouter au contenu de la poêle. Couvrir et laisser mijoter 5 à 10 minutes supplémentaires.

Étaler la pâte à tarte et foncer le moule.

La garnir généreusement de coulis de tomates. Répartir ensuite les légumes ainsi que les dés de jambon. Parsemer d'herbes de Provence et de quelques olives.

Cuire environ 30 minutes à 180 °C.

Côté pratique

Plébiscitée par petits et grands, cette tarte ***façon pizza*** se prête aux variations à l'infini : champignons, aubergines, câpres, mais aussi bacon, saumon ou œuf. Une recette caméléon, au gré de vos envies !

Quiche aux poireaux et aux amandes grillées, pointe de cumin

Ingrédients (pour 8)

Une pâte à tarte sans gluten riz-sarrasin
3 gros poireaux
1 petite poignée d'amandes
3 œufs
40 cl de lait
1 cuillère à soupe de fécule de maïs
Curry, sel, poivre

Préparation (1 heure)

Préparer la pâte à tarte selon la recette de base et la laisser reposer.

Nettoyer les poireaux et les émincer finement.

Cuire les poireaux dans une sauteuse avec 3 cuillères à soupe d'huile d'olive. Au bout de 5 minutes, ajouter un fond d'eau, baisser le feu et laisser mijoter à couvert jusqu'à ce que le jus réduise.

Au robot ou au mortier, concasser grossièrement les amandes. Les torréfier à sec, quelques secondes dans une petite poêle bien chaude.

Délayer la fécule dans le lait végétal. Battre les œufs avec une pincée de sel et de curry ainsi qu'un peu de poivre. Incorporer le lait.

Étaler la pâte et chemiser le moule. Répartir les poireaux sur le fond de tarte et verser l'appareil. Parsemer d'amandes toastées. Cuire environ 40 minutes à 180 °C.

Pas le temps ou l'envie de préparer une pâte à tarte sans gluten ?

OPTION 1

Quiche sans pâte express aux brocolis, au tofu et moutarde à l'ancienne

Ingrédients (pour 8)

3 œufs
100 g de farines sans gluten (50 g farine de riz + 50 g farine de maïs)
50 cl de lait de soja
3 cuillères à soupe de moutarde à l'ancienne
3 échalotes
1 bouquet de brocoli
200 g de tofu

Préparation (40 minutes)

Détailler le brocoli en petits bouquets. Les précuire quelques minutes à la vapeur ou dans l'eau bouillante salée.

Emincer finement les échalotes. Les faire revenir 3 minutes dans un filet d'huile d'olive.

Battre les œufs avec la moutarde. Délayer la farine dans la moitié du lait de soja puis verser le reste du lait. Mélanger aux œufs, saler et poivrer. Incorporer les échalotes, les brocolis bien égouttés et le tofu coupé en dés.

Huiler et fariner un moule à manquer. Verser l'appareil. Enfourner pour 25 minutes à 180 °C.

Côté pratique

Facile à réaliser, la quiche sans pâte permet de valoriser un petit reste de légumes cuits : épinards, ratatouille, tout convient à cette recette ! Le tofu peut être remplacé par des lardons ou du saumon. La moutarde à l'ancienne apporte par ailleurs une touche d'originalité bienvenue.

OPTION 2

Tarte muesli à la carotte, au poivron et au chorizo

Ingrédients (pour 6)

150 g de flocons de céréales sans gluten
300 ml de lait de soja ou de riz
75 g d'amandes moulues (ou noix ou noisettes)
5 carottes
1 gros oignon
1/2 poivron rouge
Environ 20 rondelles de chorizo découpées en 4

Préparation (50 minutes)

Dans une jatte, placer les flocons, les amandes moulues et le lait. Saler. Laisser gonfler 20 minutes avec un couvercle.

Peler l'oignon. L'émincer finement ainsi que le poivron (ou mixer brièvement au robot). Peler et râper les carottes. Cuire les légumes 5 minutes avec 2 cuillères à soupe d'huile d'olive. Ajouter le chorizo, un verre d'eau, une pincée de sel et cuire à nouveau 10 minutes à couvert. Bien réduire le jus.

Garnir un moule à manquer huilé et fariné — ou un petit cercle à pâtisserie — de la préparation muesli sur environ 1 cm de hauteur. Répartir généreusement les légumes. Cuire environ 25 minutes à 180 °C. (Photo p. 56)

Côté pratique

Les flocons de céréales, rapidement réhydratés dans un lait végétal, remplacent avantageusement la classique pâte à tarte. Ils séduisent par leur texture moelleuse et la diversité des saveurs disponibles : riz, quinoa, sarrasin, mais aussi pois chiche ou châtaigne. À vous de trouver vos favoris !

⏭ Recette de base

De même que pour les pâtes à tarte, l'idéal est ici de varier les farines :

2/3 fécule de maïs 1/3 châtaigne ou
1/2 riz 1/2 pois chiche ou
1/2 lupin 1/2 fécule de maïs ou
1/2 farine de maïs 1/2 fécule de maïs.

Proportions pour un cake :

3 œufs
150 g de farines
10 cl d'huile d'olive (1 petit verre)
12 cl de lait végétal (1 verre)
1 sachet de poudre à lever sans gluten

Dans une jatte, fouetter les œufs entiers avec le lait et l'huile. Ajouter la levure puis les farines, bien mélanger.

Cake aux oignons, endives, pruneaux et lardons

Ingrédients (pour 8)

Une pâte à cake sans gluten 1/3 riz 1/3 sarrasin 1/3 fécule de maïs
2 oignons
1 endive
200 g de lardons
8 pruneaux

Préparation (1 heure)

Peler et émincer finement l'oignon. Le faire revenir à feu doux dans un fait-tout avec de l'huile d'olive jusqu'à ce qu'il blondisse. Ajouter l'endive émincée et laisser cuire 10 minutes à couvert. Ajouter ensuite les pruneaux coupés en 3 et les lardons. Cuire 2 minutes supplémentaires et bien réduire le jus.

Préparer la pâte à cake, y incorporer la garniture.

Verser la préparation dans un moule huilé et fariné.

Cuire environ 40 minutes à 180 °C.

Vérifier la cuisson avec la pointe d'un couteau : elle doit ressortir à peine sèche pour un moelleux optimal.

(Photo p. 54)

Atout santé

L'endive provient de la racine de chicorée cultivée à l'obscurité totale. Elle contient une quantité importante d'inuline, un sucre que l'on retrouve également dans le topinambour, l'oignon ou encore l'asperge. L'inuline est employée depuis quelques années pour ses effets prébiotiques : elle contribue à maintenir une flore intestinale équilibrée. Certains fabricants en ajoutent par exemple au yaourt.

Cake minute au thon et à la ratatouille

Ingrédients (pour 8)

Une pâte à cake sans gluten 1/3 lupin 1/3 riz 1/3 fécule de maïs
1 petite conserve de ratatouille (300 g)
1 conserve de thon

Préparation (25 à 45 minutes)

Confectionner la pâte à cake selon la recette de base.

Incorporer la ratatouille et le poisson dans la pâte à cake. Saler et poivrer.

Verser la préparation dans un moule huilé et fariné. Cuire 35-40 minutes à 180 °C.

Afin de réduire le temps de cuisson, utilisez de petits moules individuels à muffins ou à cannelés : 15 minutes au four suffiront.

Vérifier la cuisson à cœur avec la pointe d'un couteau.

Côté pratique

Voilà une recette sans prétention qui fait l'unanimité. À la place de la ratatouille, une petite conserve de tomates concassées ou une purée de légumes surgelés (brocolis, épinards...) feront tout aussi bien l'affaire.

Mini cakes aux fanes de radis, aux oignons et aux tomates séchées

Ingrédients (pour 8)

Une pâte à cake sans gluten 1/2 pois chiche 1/2 fécule de maïs
Les fanes d'une botte de radis
1 oignon, 1 gousse d'ail
2 grosses cuillères à soupe de tomates séchées
Herbes de Provence

Préparation (35 minutes)

Peler l'oignon et l'ail. Les émincer puis les faire dorer avec un filet d'huile d'olive.

Laver les fanes et ôter les queues. Les ajouter au contenu de la casserole. Cuire 10 minutes à feu doux, à couvert.

Préparer la pâte à cake selon la recette de base. Y incorporer les légumes ainsi que les tomates séchées en morceaux, les herbes de Provence, et une pincée de sel.

Répartir la préparation dans des petits moules huilés et farinés. Cuire 15 minutes à 180 °C. Vérifier la cuisson en enfonçant une pointe de couteau : elle doit ressortir à peine sèche pour garantir un agréable moelleux.

Côté pratique

De présentation charmante, ces minis cakes réduisent avantageusement le temps de cuisson. Toujours utile lorsque l'on jongle avec la vaisselle ou une seconde préparation en cuisine ! Par ailleurs, cette recette est une bonne manière d'accommoder les fanes de radis dont on ne sait jamais que faire. À défaut, optez pour des poireaux ou des épinards.

Galettes de flocons de riz (p. 79)

Les galettes de légumes

Pour des en-cas sains et nourrissants

Deux versions simplissimes : légumineuses ou flocons de céréales, à accommoder au gré de vos envies !

Galettes de pois chiche (recette p. 78)

Souvent à court d'idées pour un petit repas sur le pouce ? Les galettes de légumes sont faites pour vous !

Faciles à confectionner, les galettes peuvent se préparer à l'avance. Une fois cuites, elles se conservent plusieurs jours au réfrigérateur ou, mieux, se congèlent. Ainsi, vous pourrez les sortir selon les besoins.

Réchauffées en 5 minutes au grille-pain ou au four, les galettes de légumes s'associeront à merveille avec une salade verte accompagnée de chiffonnade de jambon ou de gésiers de volaille.

Version légumineuse ou muesli, voilà une manière fun et rapide de consommer des produits sains.

Galettes de pois chiches, oignons, persil et cumin

Ingrédients (pour 4)

150 g de pois chiches cuits (en conserve)
1 œuf
1 cuillère à soupe de fécule de maïs
2 oignons
Quelques brins de persil
Cumin
Facultatif : 1 cuillère de tahin (purée de sésame)

Préparation (40 minutes)

Peler les oignons, les émincer et les faire dorer à la poêle quelques minutes.

Mixer grossièrement les pois chiches au robot. Les mélanger à l'œuf, ajouter la cuillère et fécule puis les oignons, le cumin et le persil. Assaisonner.

Former les galettes à l'emporte-pièce, sur une feuille de papier cuisson. Bien les tasser avec le dos d'une petite cuillère.

Cuire 20 à 25 minutes au four à 180 °C. (Photo p. 76)

Côté pratique

Cette recette fonctionne pour tout type de légumineuse cuite : haricots rouges ou blancs, lentilles vertes ou corail. Il en va de même pour les légumes (comptez environ 150 g). N'hésitez pas à valoriser un petit reste ou à accélérer le temps de cuisson en mixant ou râpant les légumes. Herbes aromatiques et épices apporteront la touche finale.

Galettes de flocons de riz, à la courgette, aux petits pois et au basilic

Ingrédients (pour 4)

1 verre de flocons de riz
1 verre de lait végétal au choix
1 cuillère de farine de riz
1 petite courgette râpée
1 poignée de petits pois
Basilic frais ou surgelé

Préparation (45 minutes)

Mélanger les flocons et le lait. Incorporer la cuillère de farine. Laisser reposer 20 minutes à couvert.

Pendant que les flocons gonflent, cuire les petits pois 12 minutes à l'eau bouillante puis les égoutter. Laver et râper la courgette au robot. La faire revenir 10 minutes à la poêle avec un filet d'huile et afin de l'assécher. Ajouter le basilic ciselé.

Mélanger les flocons avec les légumes, saler et poivrer.

Former les galettes sur une feuille de papier cuisson à l'aide d'un emporte-pièce (à défaut, utiliser des moules à tartelettes). Tasser la surface avec le dos d'une cuillère.

Cuire environ 20 minutes au four à 180 °C. (Photo p. 74)

Côté pratique

Alliant féculents et légumes cuits, les galettes de légumes apportent, sous un petit format, un condensé de glucides lents, de protéines végétales et de fibres. En-cas idéal pour manger sur le pouce, avec une crudité. Moins riches en protéines que les galettes de légumineuses, les galettes de flocons de céréales pourront être complétées par une protéine animale.

Blinis maison (recette p. 86)

Les blinis, crêpes et gaufres

Pour les traditionnels plaisirs à partager

Il y a des mets dont on ne peut se passer…
Ça tombe bien, vous connaissez la recette !

Crêpes blanches (recette p. 87)

Chandeleur, Mardi gras : le mois de février offre plusieurs occasions de se faire plaisir... Mais pourquoi se réserver uniquement pour cette période de l'année ?

Les blinis sont tout indiqués pour vos apéritifs dînatoires et brunchs. Ces crêpes épaisses d'inspiration nordique, moelleuses et nourrissantes, apporteront une touche chic et gourmande à vos agapes.

Quant aux crêpes, elles n'ont plus besoin d'être présentées. Croustillantes galettes bretonnes avec une garniture salée ou crêpes ***blanches*** pour goûters enchanteurs, c'est toujours l'assurance d'un repas dans la bonne humeur.

Qui ne retrouve pas son âme d'enfant devant une gaufre ? Toute chaude, saupoudrée de sucre glace, on n'y résiste pas ! Une recette que les gourmands apprécieront le dimanche matin au petit déjeuner...

Galettes bretonnes

Ingrédients (pour 8)

2 mesures de farine de sarrasin
1 mesure de farine de riz
Liquide : moitié eau, moitié lait végétal (riz ou soja, neutres, conviennent parfaitement)

Préparation (10 minutes et 1 heure d'attente)

Mélanger les farines, incorporer le liquide petit à petit en fouettant. Stopper lorsque la texture vous paraît correcte, ni trop épaisse ni trop liquide.

Laisser reposer 30 minutes à 1 heure. Rectifier au besoin la texture en ajoutant un trait de lait.

Préparer pendant ce temps les garnitures : fondue de poireaux ou d'oignons, coulis de tomates, champignons, jambon,...

Cuire sur une crêpière électrique ou une poêle crêpière huilée : la crêpe doit être fine et bien cuite pour être croustillante ! Retourner à mi-cuisson et garnir copieusement.

Côté pratique

Hautement nutritif, le sarrasin, également appelé ***blé noir***, est une céréale riche en fibres solubles et en composés antioxydants. Elle présente une teneur importante en protéines et contient tous les acides aminés essentiels.

Blinis maison

Ingrédients (pour 6 blinis)

1 yaourt de soja
1/2 sachet de poudre à lever
Farine au choix (l'équivalent d'un pot de yaourt)
Lait végétal
1 pincée de sel

Préparation (10 minutes et 30 minutes d'attente)

Dans une jatte, mélanger le yaourt avec la levure, le sel et la farine. Fluidifier très légèrement la texture avec à peine 1/4 du pot de yaourt de lait. Laisser reposer 30 minutes.

Dans une poêle chaude avec un peu d'huile passée sur un essuie-tout, placer une petite cuillère de pâte et laisser cuire (un récipient avec un bec verseur facilitera l'opération).

Retourner le blinis et l'écraser légèrement afin de l'aplatir.

Faire de même avec le reste de la pâte.

(Photo p. 86)

Côté pratique

Servez les blinis classiquement avec du saumon fumé et une petite crème végétale citronnée ou tartinez de délicieuses rillettes de saumon (p. ?). Pour des blinis plus originaux, agrémentez la pâte de 50 g d'épinards hachés, de zeste de citron ou de quelques fines herbes.

Crêpes blanches

Ingrédients (pour 8)

150 g de farine de riz
80 g de farine de maïs ou de millet ou de lupin
3 œufs
50 cl de lait végétal
Facultatif (pour des crêpes sucrées uniquement) : 20 g de sucre

Préparation (10 minutes puis 1 heure d'attente)

Tamiser les farines et les placer dans une jatte. Ajouter les œufs entiers et la moitié du lait. Fouetter vivement afin d'éviter les grumeaux. Verser le reste du lait et mélanger à nouveau.

Laisser la pâte reposer environ 1 heure. Si, au moment de l'utilisation, elle vous semble trop épaisse, ajouter un peu d'eau.

Cuire dans une poêle chaude et huilée.

Retourner à mi-cuisson et garnir.

(Photo p. 82)

Côté pratique

Égayez votre goûter en utilisant un lait végétal délicatement parfumé : lait de soja vanillé, lait de noisette, lait d'amandes… Si vous appréciez les crêpes croustillantes, remplacez la moitié du lait par de l'eau ou du cidre.
Il vous reste de la pâte ? Vous pouvez sans problème la conserver 1 ou 2 jours au réfrigérateur. Gardez-la dans une bouteille, il vous suffira juste de la secouer avant utilisation.

Gaufres à la farine de châtaigne

Ingrédients (pour 4)

25cL de lait végétal au choix
70 g de farine de châtaigne
80 g de farine de riz
1 œuf
30 g de sucre
30 g d'huile végétale
1 sachet de poudre à lever

Préparation (10 minutes puis 1 heure d'attente)

Battre l'œuf entier avec le sucre. Ajouter l'huile et un peu de lait.

Incorporer progressivement les farines. Délayer la préparation avec le reste de lait.

Laisser reposer 30 minutes à 1 heure à température ambiante.

Atout santé

Très peu grasse, la châtaigne regorge de glucides, de fibres et de minéraux : cuivre, fer... Autant de raisons pour la mettre au menu, sous forme brute ou transformée. On en extrait un lait végétal, des flocons, mais aussi de la farine. Très parfumée, cette dernière réveille vos préparations salées et sucrées.

Côté pratique

Pas la peine d'acheter un paquet de sucre glace (il nous sert si peu !). Si vous possédez un petit mixer, vous pourrez en fabriquer en quelques secondes à partir votre sucre semoule habituel.

Curry de légumes et crevettes (recette p. 94)

Les plats principaux à base de céréales

Pour des moments conviviaux, en toute simplicité

Une céréale au choix, un assortiment de légumes de saison, un soupçon d'épices et... c'est prêt !

Risotto de champignons (recette p. 95)

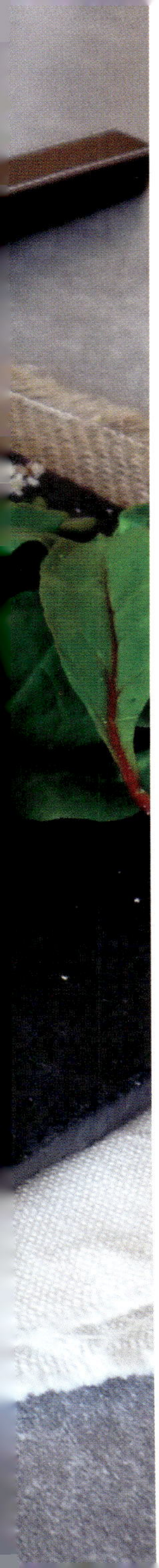

En supprimant le blé de l'alimentation, le champ de possibilités culinaires semble parfois se rétrécir...

Mais qui a dit que les céréales sans gluten étaient synonymes de complexité et de monotonie ? Ces quelques pages vous prouveront le contraire.

Cuits en 10 à 15 minutes seulement, le quinoa, le millet, le riz ou encore le sarrasin vous laisseront tout juste le temps de préparer l'accompagnement !

Avec quelques légumes de saison, des herbes aromatiques ou des épices, apprenez à accommoder ces aliments largement sous-utilisés, et à tort !

Vous avez la main lourde sur les quantités crues de céréales ? Comptez environ 30 g par personne (pour le riz, maximum un demi-verre). Lors de la cuisson, elles se gorgent d'eau et multiplient leur poids par 3.

Si malgré tout vous avez vu large, pas de panique : il sera très facile d'accommoder des restes de céréales cuites en salade composée, en gratin ou dans des légumes farcis.

Curry de légumes et crevettes au lait de coco, riz basmati

Ingrédients (pour 6)

3 petits verres de riz basmati
1 oignon
4 carottes
3 courgettes
Curry en poudre
Gingembre en poudre ou frais (en râper l'équivalent d'1cm)
15 cl de lait de coco
2 tomates (ou 200 g de tomates concassées en conserve)
800 g de crevettes

Préparation (45 minutes)

Peler et émincer l'oignon. Le faire revenir dans un fait-tout avec de l'huile d'olive ainsi qu'une cuillère à café de curry et moitié moins de gingembre.

Pendant ce temps, peler les carottes. Les laver, ainsi que les courgettes, les découper en rondelles. Ajouter les carottes dans le fait-tout. Adjoindre une pincée de gros sel et mouiller avec un petit verre d'eau. Cuire à feu moyen à couvert. 10 minutes plus tard, ajouter les courgettes et les tomates en morceaux (elles cuisent plus rapidement).

Placer le riz dans une casserole. Ajouter le même volume d'eau froide. Cuire à couvert à feu très doux durant 10-15 minutes afin que le riz absorbe toute l'eau. Éviter de mélanger. À la fin de la cuisson, couper le feu et laisser reposer 5 minutes supplémentaires avec le couvercle.

Décortiquer les crevettes et poêler à part, à feu vif.

Lorsque les légumes sont tendres, ajouter le lait de coco et bien mélanger. Ajuster l'assaisonnement si besoin. Servir chaud.

(Photo p. 90)

Risotto de champignons

Ingrédients (pour 6)

3 petits verres de riz rond soit environ 320 g
1 oignon
1 gousse d'ail
300 g de champignons frais ou surgelés
1 dizaine de brins de persil
1 verre de vin blanc sec ou moelleux
1 cube de bouillon de légumes sans gluten
Facultatif : gomasio (condiment au sésame)
ou noisettes concassées

Préparation (45 minutes)

Rincez les champignons sous l'eau et les émincer finement. Faire revenir 2 minutes la gousse d'ail hachée dans 1 cuillère d'huile d'olive. Ajouter le persil ciselé et les champignons. Laisser cuire encore 5 à 6 minutes. Saler et poivrer. Réserver.

Faire bouillir 50cL d'eau et y diluer le bouillon cube.

Peler et émincer les oignons. Les faire blondir dans un filet d'huile d'olive puis ajouter le riz. Le cuire, en mélangeant de temps en temps, jusqu'à ce qu'il devienne légèrement transparent (environ 2 minutes). Ajoutez le verre de vin et laisser réduire.

Ajouter ensuite une louche de bouillon louche, puis une autre après absorption complète par le riz. Répéter l'opération jusqu'à épuisement du bouillon (environ 20 minutes). Assaisonner et ajouter les champignons. Laisser cuire encore 2 minutes. Agrémenter éventuellement de gomasio ou de noisettes avant de servir. (Photo p. 92)

Côté pratique

La cuisson du risotto nécessite une surveillance de chaque instant, mais quel résultat ! Utilisez un riz arborio ou carnaroli, leur richesse en amidon est à l'origine du crémeux incomparable du risotto.

Riz thaï, petits légumes d'hiver parfumés au curcuma et au citron

Ingrédients (pour 6)

3 petits verres de riz thaï
3 poireaux
4 carottes
2 rutabagas
Persil
1 cuillère à café de curcuma
1 jus de citron

Préparation (45 minutes)

Emincer les poireaux puis les laver soigneusement. Les faire fondre, à feu doux et à couvert, dans un fait-tout avec un filet d'huile d'olive et la moitié du curcuma.

Peler les carottes et les rutabagas. Les découper en petits cubes et les ajouter dans le fait-tout. Additionner d'un verre d'eau et de persil ciselé. Poursuivre la cuisson 10 minutes à couvert. Presser le citron, incorporer le jus aux légumes 2 minutes avant la fin.

Placer le riz dans une casserole. Ajouter le même volume d'eau froide ainsi que le curcuma restant. Cuire à couvert à feu très doux durant 10-15 minutes afin que le riz absorbe toute l'eau. Éviter de mélanger. À la fin de la cuisson, couper le feu et laisser reposer 5 minutes supplémentaires avec le couvercle.

Mélanger l'ensemble et servir bien chaud, en plat unique ou en accompagnement d'un poisson.

Atout santé

Le quinoa est la céréale la plus riche en protéines (13 %). Il contient tous les acides aminés essentiels, y compris la Lysine qui fait défaut à la majorité des céréales. De ce fait, un plat végétarien à base de quinoa et de légumes peut se suffire à lui seul.

Tagine de fenouil et de courgettes au quinoa, pointe de cumin

Ingrédients (pour 6)

225 g de quinoa cuit (soit 75 g cru)
1 oignon
1 petit fenouil
4 courgettes
1/2 cuillère à café de cumin
Facultatif : citron confit et olives vertes

Préparation (40 minutes)

Peler l'oignon et le découper en 4. Ôter les premières feuilles du fenouil ainsi que sa base. Tailler en gros morceaux. Hacher grossièrement les légumes au robot.

Faire chauffer un filet d'huile dans un fait-tout, y ajouter le cumin puis les légumes.

Pendant ce temps, laver les courgettes puis les découper en grosses rondelles. Les ajouter au contenu du fait-tout avec 1 verre d'eau et une pincée de gros sel. Laisser cuire 10-15 minutes à couvert.

Ajouter, selon votre envie, des petits dés de citron confit ou des olives vertes. Faire réduire le bouillon de cuisson, en réserver dans un petit bol.

Faire chauffer une casserole d'eau salée. Lorsqu'elle bout, y verser le quinoa. Cuire 10 à 15 minutes puis égoutter.

Mélanger le quinoa avec les légumes. Servir bien chaud avec le bouillon à disposition.

Quinoa façon potée

Ingrédients (pour 6)

225 g de quinoa cuit (soit 75 g cru)
1 petit chou vert
3 panais
3 saucisses fumées (Morteau ou Montbéliard)
2 cuillères à soupe de moutarde
1 oignon, 1 gousse d'ail
6 carottes
2 feuilles de laurier
1 petit bouquet de persil

Préparation (35 minutes)

Peler et émincer l'oignon, peler et hacher la gousse d'ail. Les faire revenir dans l'huile d'olive dans une cocotte.

Ôter les premières feuilles du chou. Le tailler en tranches fines et l'ajouter dans la cocotte avec le laurier et le persil ciselé. Laisser cuire ainsi 2 minutes puis ajouter 1 verre d'eau et une pincée de gros sel. Poursuivre la cuisson avec un couvercle.

Peler carottes et panais, les couper en rondelles. Lorsque le chou a bien diminué de volume, ajouter les autres légumes et les saucisses coupées en 2. Laisser cuire 20 minutes jusqu'à ce que carottes et panais soient tendres à cœur.

Dans une casserole, faire revenir le quinoa dans un peu d'huile puis ajouter du bouillon de légumes à hauteur. Surveiller la cuisson et ajouter de l'eau au fur et à mesure de son absorption.

Réserver le bouillon de cuisson des légumes dans un grand bol et y délayer 2 cuillères de moutarde. Servir bien chaud.

Côté pratique

Voici un plat d'hiver convivial et rapide à préparer. Plutôt qu'une viande longue à dessaler et à mijoter, les saucisses fumées cuisent en un temps record et parfument agréablement votre potée. Le chou émincé, les légumes en rondelles ou en cubes (navets, céleri rave...), voilà autant d'astuces pour réduire la durée de préparation !

Gratin de quinoa, épinards et saumon, Béchamel à l'huile d'olive et au lait végétal

Ingrédients (pour 6)

300 g de quinoa cuit (soit environ 100 g cru)
350 g d'épinards surgelés
450 g de saumon
20 g de farine de riz
Quelques oignons nouveaux
20 g d'huile d'olive
Lait de soja

Préparation (35 minutes)

Peler et émincer les oignons. Les faire revenir 5 min dans une casserole avec 1 filet d'huile. Ajouter ensuite les épinards grossièrement dégelés, réduire le feu et couvrir.

Préparer la Béchamel en chauffant l'huile, à feu doux, dans une casserole. Ajouter la farine pour obtenir un roux. Verser petit à petit le lait végétal, en mélangeant bien à chaque fois, jusqu'à obtenir la fluidité souhaitée. Saler et poivrer lorsque la Béchamel est terminée.

Ôter la peau du filet de saumon et le découper en petits cubes.

Dans un grand saladier, mélanger le quinoa cuit avec les légumes et la Béchamel. Adjoindre délicatement les cubes de saumon.

Verser le tout dans un plat à gratin huilé. Cuire au four 20 minutes à 180 °C.

Côté pratique

Rien de plus facile que de confectionner de délicieux gratins ! D'autant plus qu'ils offrent la possibilité de valoriser des restes de céréales, de légumes cuits ou les deux... Pour lier le tout, la sauce Béchamel sans lait ni beurre s'impose : même poids d'huile que de farine, un peu de lait végétal, on obtient une sauce onctueuse à souhait.

Tagine de légumes du soleil à la coriandre et au millet

Ingrédients (pour 6)

100 g de millet
1 petit fenouil
100 g de tomates concassées
1 oignon
3 petites aubergines
5 dattes
Coriandre feuille fraîche ou surgelée (environ 10 brins)
Ras-el-hanout

Préparation (45 minutes)

Peler l'oignon. L'émincer finement ainsi que le fenouil (si besoin les hacher au robot). Faire revenir les légumes dans un fait-tout avec un peu d'huile d'olive et ½ cuillère à café de ras-el-hanout.

Pendant ce temps, laver et découper les aubergines en gros cubes sans les peler. Les ajouter dans la casserole ainsi que les tomates concassées et la coriandre. Mouiller à hauteur et couvrir. Ajouter une grosse pincée de sel.

Lorsque les légumes sont bien tendres, adjoindre les dattes coupées en 3. Réduire le jus de cuisson.

Dans une poêle avec un peu d'huile d'olive, faire griller le millet pendant une minute. Ajouter 200 ml d'eau, une pincée de sel et laisser cuire à feu moyen. Lorsque les grains sont tendres, couper le feu, placer un couvercle et laisser reposer 5 minutes.

Atout santé

Le millet se distingue des autres céréales par ses propriétés alcalinisantes, utiles pour contrer les effets néfastes des aliments acidifiants dont notre alimentation regorge : produits laitiers, charcuteries, céréales à gluten, sucre raffiné...

Poivrons farcis au millet façon provençale

Ingrédients (pour 6)

6 poivrons rouges et 1 supplémentaire
60 g de millet cru (ou 180 g cuit)
300 g de viande de bœuf hachée ou de chair à saucisse
Herbes de Provence
1 gros oignon
1 aubergine
Sel, poivre

Préparation (50 minutes)

Peler et ciseler l'oignon. Laver et émincer le poivron. Cuire les légumes dans une sauteuse avec un peu d'huile d'olive.

Laver et découper l'aubergine en petits morceaux. Les ajouter au contenu de la sauteuse avec les herbes de Provence, un peu de sel et 5 cl d'eau. Laisser mijoter 10 minutes.

Faire chauffer une casserole d'eau salée. Lorsqu'elle bout, y verser le millet. Cuire 10 à 15 minutes puis égoutter.

Lorsque le jus des légumes est bien réduit, ajouter la viande hachée et cuire à nouveau 2 minutes. Incorporer le millet.

Laver les poivrons et découper leur chapeau. Ôter les pépins. Les farcir de garniture et replacer les chapeaux. Les disposer dans un plat allant au four.

Cuire 20-25 minutes à 175 °C. Servir les poivrons chauds, agrémentés d'une salade verte.

Côté pratique

Préférez dans cette recette les poivrons rouges ou jaunes aux verts. Plus sucrée et parfumée, leur chair délicatement cuite au four sera fondante à souhait ! Vérifier au préalable que les poivrons ***tiennent debout*** si vous désirez les présenter en hauteur et non coupés en deux en ***barquette***. La farce rend parfois un peu d'eau lors de la cuisson au four. Dans ce cas, y incorporer une cuillère de farine de riz avant de garnir les poivrons.

Palets à la noix de coco (recette p. 116)

Les biscuits

Recettes bien-aimées pour délicieux goûters

Rapides à confectionner et à cuire,
gourmands à souhait,
les biscuits, c'est comme ça qu'on les aime !

Macarons à la framboise (recette p. 120)

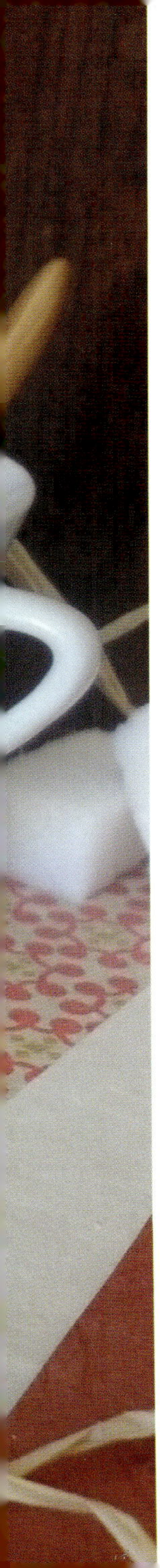

Croustillants, moelleux ou les deux à la fois, on aime les biscuits pour leur côté régressif : les grignoter debout, les dévorer avec les doigts, les amener partout avec nous. On en mange un, deux, trois... la réserve de biscuits maison s'amenuise toujours trop vite !

Heureusement, leur préparation facile et rapide — 30 minutes maxi — permet d'en confectionner souvent.

Si un gratin ou une tarte cuit dans le four, profitez-en pour réaliser une petite tournée. Cela vous permettra d'expérimenter une version chocolat ou fruits secs de votre recette préférée ou tout simplement d'utiliser deux blancs risquant de se perdre.

Qu'ils soient basiques ou raffinés, pour le café ou l'occasion du goûter, les biscuits, on ne s'en lasse jamais !

Cookies extra moelleux à la farine de châtaigne

Ingrédients (pour 6)

80 g de farine de châtaignes
1/2 sachet de poudre à lever
60 g de margarine à pâtisserie
80 g de pépites de chocolat noir
90 g de farine de riz
80 g de sucre
1 œuf

Préparation (30 minutes)

Dans une jatte, mélanger les ingrédients secs : la farine, le sucre, la poudre à lever. Ajouter l'œuf et mélanger. Incorporer la margarine fondue.

Prélever un peu de préparation, former une boule en la roulant entre les paumes des mains. Ajouter quelques pépites. Déposer la boule sur une plaque recouverte de papier cuisson. Reproduire l'opération.

Cuire les cookies 12 à 15 minutes à 175 °C : ils doivent être légèrement dorés sur le dessus, mais en encore mous à l'intérieur.

Laisser refroidir et déguster.

Côté pratique

Difficile d'attendre que les cookies refroidissent pour les goûter ! Cette recette incontournable séduit petits et grands. Pour des biscuits encore plus gourmands, rien de tel que des pépites de chocolat ***maison*** : taillées au couteau, elles seront plus ***rustiques*** et dodues.

Biscuits muesli aux cranberries

Ingrédients (pour 6)

125 g de flocons de céréale sans gluten (riz ou sarrasin par exemple)
90 g de farine de riz
100 g de sucre
1 œuf
4 cuillères à soupe d'huile
1/2 sachet de poudre à lever
60 g de cranberries

Préparation (20 minutes)

Dans un grand saladier, mélanger les ingrédients secs : flocons, sucre, levure, farine et sel. Y casser l'œuf entier. Mélanger puis incorporer l'huile. Ajouter les cranberries.

À l'aide de 2 cuillères, former des petites boules de pâte et les placer sur une plaque allant au four, recouverte de papier cuisson.

Cuire 10-12 minutes à 180 °C. Les biscuits doivent avoir une belle couleur dorée tout en restant moelleux à cœur.

Côté pratique

Les flocons de céréales sont décidément pleins de ressources ! Leur texture, leurs **saveurs variées** en font des ingrédients de choix aussi bien dans les plats **salés** que **sucrés**. Ils font merveille ici, associés aux cranberries. Selon vos goûts (et le contenu de vos placards), troquez ces dernières pour des dés d'abricots secs, de figues ou de chocolat.

Palets à la noix de coco aux farines de riz et de millet

Ingrédients (pour 6)

50 g de farine de riz
60 g de noix de coco râpée
1 œuf
1/2 sachet de poudre à lever
30 g de farine de millet
80 g de sucre de canne
75 g de margarine à pâtisserie

Préparation (25 minutes)

Mélanger les ingrédients secs – farines, coco et sucre – dans un saladier.

Y casser un œuf entier. Ajouter une pincée de sel et la margarine fondue.

Réaliser, entre les paumes des mains, des petites boules de pâte et les disposer sur une plaque du four recouverte de papier cuisson. Aplatir les boules sur 1 cm d'épaisseur.

Cuire 10 à 12 minutes à 175 °C puis laisser refroidir.

(Photo p. 108)

Atout santé

Riche en fibres alimentaires (14 g pour 100 g), la noix de coco séchée favorise un bon transit intestinal. Elle constitue également une source intéressante de minéraux que l'alimentation moderne compte peu tels que le fer, le cuivre et le manganèse.

Rochers coco très moelleux

Ingrédients (pour 6)

2 blancs d'œufs
120 g de noix coco râpée
100 g de sucre de canne

Préparation (15 minutes)

Battre les blancs d'œufs en neige avec une pincée de sel. Ajouter le sucre et la coco, mélanger délicatement avec une cuillère.

Réaliser des petites boules sur une plaque de four recouverte de papier sulfurisé. Placer au four, cuire 5-7 minutes à 175 °C.

Laisser refroidir avant de déguster.

Côté pratique

Trois ingrédients, dont un reste de blanc d'œuf, les rochers coco se préparent en un temps record ! Ils accompagnent agréablement le café ou le thé, on ne s'en lasse pas...

Financiers à la pistache

Ingrédients (pour 6)

120 g de purée d'amande blanche
5 cl de lait végétal au choix
120 g de pistaches sans coques non salées (ou autre fruit sec)
120 g sucre glace : si vous n'en avez pas, mixer quelques secondes votre sucre semoule habituel
50 g de fécule de maïs
4 blancs d'œufs

Préparation (30 minutes)

Dans un saladier, délayer la purée d'amande dans le lait végétal à l'aide d'une cuillère. Adjoindre les pistaches finement mixées, le sucre glace, la farine. Ajouter les blancs d'œufs tels quels, sans les monter en neige.

Garnir de petits moules à ras bord (la préparation ne gonfle pas).

Cuire au four à 175 °C pendant 10 à 20 minutes selon la taille des gâteaux. La couleur doit être légèrement dorée et la pointe d'un couteau doit ressortir sèche.

Laisser refroidir les financiers puis les démouler.

Atout santé

De même que la noisette, la pistache contient une proportion appréciable d'acides gras insaturés. D'où un effet positif sur le taux sanguin de cholestérol. D'autant plus que la pistache est l'un des fruits oléagineux les plus riches en phytostérols après les graines de sésame, championnes en la matière. Les phytostérols, sorte de cholestérol d'origine végétale, contribuent à réduire notre taux sanguin de ***mauvais cholestérol.***

Macarons à la framboise

Ingrédients (pour 6)

1 blanc d'œuf
90 g de sucre glace
50 g poudre d'amande
10 g de sucre semoule
3 cuillères à soupe de confiture de framboises
Facultatif : 1/2 cuillère à café d'arôme framboise

Préparation (40 minutes)

Mixer finement puis tamiser la poudre d'amande et le sucre glace. Ajouter éventuellement l'arôme framboise et homogénéiser.

Monter le blanc d'œuf en neige en ajoutant les 10 g de sucre semoule petit à petit. Incorporer rapidement les ingrédients tamisés à cette préparation. Remplir une poche à douille, la placer à plat et en tapoter la surface afin d'éliminer les bulles d'air. Sur une plaque recouverte de papier cuisson, dresser les macarons en quinconce. Cuire 12 minutes au four préchauffé à 160 °C. Au milieu de la cuisson, ouvrir brièvement la porte du four pour aérer.

Faire cuire la confiture quelques minutes afin qu'elle épaississe et laisser la refroidir.

Lorsque les coques sont suffisamment froides, apparier les plus ressemblantes.

Déposer une cuillère de confiture sur l'une des coques et recouvrir de la seconde avec un mouvement circulaire afin de répartir la garniture. Reproduire l'opération pour tous les macarons. Réserver au frais. (Photo p. 110)

Côté pratique

Pour des macarons avec une belle coque lisse, c'est la chasse aux bulles d'air… Trois astuces pour cela :

— Monter le blanc en neige modérément ferme (bannir les œufs extra frais)
— Éviter de fouetter la préparation pour ne pas incorporer d'air
— Éliminer consciencieusement les bulles d'air de la poche à douille

Biscuits à la noisette façon macaron

Ingrédients (pour 6)

2 blancs d'œufs
180 g de noisettes entières
90 g de sucre blond de canne

Préparation (20 minutes)

Monter les blancs d'œufs en neige bien ferme.

Mixer les noisettes au robot, plus ou moins finement selon le rendu désiré. Les incorporer délicatement aux blancs en même temps que le sucre.

À l'aide de 2 cuillères, déposer des petits tas sur une plaque recouverte de papier cuisson. Cuire 10 minutes à 180 °C : la pâte macaron doit être dorée.

Les biscuits durciront au refroidissement.

Atout santé

La noisette possède une teneur élevée en **acides gras mono-insaturés**, dont une majeure partie d'acide oléique. Sa consommation régulière contribue à la **réduction du taux de cholestérol** sanguin et notamment du cholestérol LDL, souvent nommé « mauvais cholestérol ». Un coup de pouce pour une bonne santé cardiovasculaire.

Gâteau au citron et aux amandes (recette p. 128)

Les gâteaux

Pour finir le repas en beauté

Une recette de base, des déclinaisons à l'infini selon la saison, les stocks, l'humeur du jour...

Gâteau campagnard aux mûres (recette p. 127)

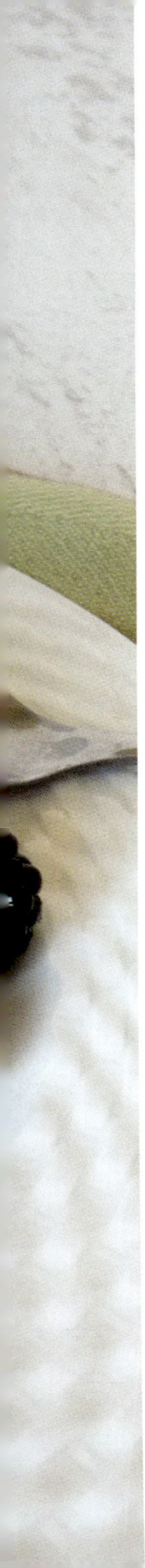

Recevoir des amis, agrémenter le déjeuner du dimanche midi, faire plaisir aux enfants ou tout simplement à soi-même, les gâteaux ont une dimension à la fois festive et affective.

Contrairement aux idées reçues, ils peuvent tout à fait avoir leur place au quotidien pour compléter un repas léger. D'autant plus lorsque l'on utilise des matières grasses végétales et que l'on limite l'apport en sucre raffiné.

La question cruciale se pose : comment confectionner des pâtisseries gourmandes sans beurre ? Huiles végétales, margarines et purées d'oléagineux seront vos alliées pour apporter le fondant nécessaire à vos desserts. Inutile de révéler trop tôt à vos invités la composition de votre gâteau. Laissez-les s'exclamer, savourer puis vous demander discrètement la recette !

En format familial pour les fêtes d'anniversaire ou en portions individuelles pour les instants gourmands et réconfortants, les recettes suivantes font la part belle aux fruits frais et séchés, aux amandes et noisettes sans oublier, évidemment, le chocolat.

De quoi satisfaire les amateurs de douceurs…

Recette de base

3 œufs entiers
140 g de sucre
150 g de farines et/ou fécules sans gluten
1/2 sachet de poudre à lever
70 g d'huile d'olive ou de tournesol (attention l'huile de tournesol bio est forte en goût).

Mélanger les œufs entiers avec le sucre. Ajouter l'huile puis la levure et la farine. Incorporer les ingrédients aromatiques.

Verser dans un moule à cake ou à manquer. Cuire 40-45 minutes à 175 °C. La pointe du couteau doit ressortir sèche.

Ingrédients aromatiques, selon la saison :

Fruits secs (dattes, figues, raisins, pruneaux, abricots…)
Fruits oléagineux en poudre ou entiers (noix, amandes, noisettes, noix de Pécan ou de Macadamia)
Fruits frais en dés (pomme, poire, ananas au sirop ou frais, framboises surgelées)
Jus de citron, d'orange
Vanille, cannelle, gingembre, pépites de chocolat

Gâteau campagnard aux mûres

Ingrédients (pour 8)

Utiliser 70 g de farine de riz, 60 g de farine de sarrasin et 20 g de fécule de maïs
Agrémenter la recette classique de :
250 g de mûres

Préparation (50 minutes)

Confectionner la pâte selon les indications ci-contre.

Laver, égoutter les mûres et les incorporer à la préparation.

Verser dans un moule à manquer huilé et fariné.

Cuire 40 à 45 minutes à 175°C.

(Photo p. 124)

Côté pratique

Nutritive et parfumée, la farine de sarrasin est aisément reconnaissable à sa couleur foncée. Elle se prête à diverses préparations en y apportant une petite touche ***rustique*** : galettes bretonnes, pâtes à tarte, gâteaux... Un produit indispensable dans vos placards !

Gâteau au citron et aux amandes spécial petit déjeuner

Ingrédients (pour 8)

Une pâte à gâteau sans gluten (recette de base) avec 60 g de farine de riz
20 g de fécule de maïs et 70 g de poudre d'amande
2 citrons ou 8 cl de jus de citron

Préparation (50 minutes)

Confectionner la pâte selon les indications de la recette de base.

Laver les citrons. Râper délicatement leur peau afin d'en recueillir les zestes. Les couper en 2 et extraire leur jus. Ajouter ces ingrédients à la préparation.

Verser le tout dans un moule à manquer huilé et fariné.

Cuire 40 minutes à 175 °C : la pointe du couteau doit ressortir à peine sèche pour que le gâteau reste légèrement coulant à cœur.

(Photo p. 122)

Côté pratique

Ce gâteau simple et savoureux constitue une bonne base pour un petit déjeuner. Variez les plaisirs avec un jus d'orange ou de clémentine à la place du jus de citron, une pointe de cannelle… La poudre d'amande, qui remplace ici une partie de la farine, structure le gâteau et apporte une touche de moelleux supplémentaire. On peut, en contrepartie, réduire la quantité d'huile à 60 g. La fécule de maïs, quant à elle, allège la structure du gâteau.

Cake à la banane, aux pépites de chocolat et à la farine de maïs

Ingrédients (pour 8)

Une pâte à gâteau sans gluten (recette de base) et 150 g de farine de maïs
3 bananes
100 g de pépites de chocolat
Vanille en poudre

Préparation (55 minutes)

Confectionner la pâte selon les indications de la recette de base.

Peler les bananes, les découper en rondelles. Tailler au couteau les pépites de chocolat.

Mélanger le tout, agrémenter d'un peu de vanille.

Verser dans un moule à cake huilé et fariné.

Cuire 40 à 45 minutes à 175 °C.

Atout santé

Fruit particulièrement énergétique, la banane est riche en glucides ainsi qu'en fibres douces et peu irritantes, idéales pour une bonne régulation du transit. Elle nous apporte également vitamines et minéraux : bêta-carotène, vitamine C, B1, B2 et B6, potassium...

FORMAT MINIATURE

Muffins fraise et menthe à la poudre d'amande

Ingrédients (pour 8)

Une pâte à gâteau sans gluten (recette de base) avec 75 g de fécule de maïs et 75 g de poudre d'amande
50 g de purée d'amande blanche délayée dans 5 cl d'eau en remplacement de l'huile
200 g de fraises et un petit bouquet de menthe

Préparation (30 minutes)

Fluidifier la purée d'amande avec un peu d'eau.

Ajouter un à un les œufs entiers, et fouetter.

Incorporer ensuite le sucre, la poudre d'amande, la farine et la levure.

Laver, équeuter les fraises et les découper en morceaux. Ciseler la menthe. Mélanger le tout. À l'aide de 2 cuillères à café, garnir les moules à muffins préalablement huilés. Cuire 12 à 15 minutes à 175 °C.

Atout santé

Amande, noisette, cajou, sésame : véritables concentrés de saveurs, les purées d'oléagineux sont très intéressantes d'un point de vue nutritionnel. Relativement denses en calories (580 kcal/100 g, soit 160 kcal pour une cuillère à soupe de 30 g), elles regroupent cependant toutes les qualités des fruits dont elles sont issues : protéines végétales, acides gras insaturés, richesse en fibres, vitamine E antioxydante, mais aussi un grand nombre de minéraux. À utiliser avantageusement, donc, en remplacement des matières grasses animales ou végétales.

Muffins rustiques pomme-figue à la farine de sarrasin

Ingrédients (pour 8)

Une pâte à gâteau sans gluten (recette de base) avec 75 g de farine de sarrasin et 75 g de farine de riz
2 grosses pommes
10 figues sèches coupées en dés

Préparation (30 minutes)

Mélanger les œufs entiers avec le sucre. Ajouter l'huile puis la levure et les farines. Peler les pommes, les découper en dés. Couper les figues sèches en 6 au couteau ou au ciseau. Mélanger le tout.

Verser dans des moules à muffins. Cuire 12 à 15 minutes à 175 °C.

Atout santé

Outre son côté gourmand, la figue a plus d'un avantage santé ! Source de magnésium, fer et calcium, elle contient des fibres alimentaires en quantité : 4 figues sèches fournissent 3 g de fibres soit environ 12 % des apports conseillés.

« The » gâteau au chocolat

Une même recette pour deux versions savoureuses

Ingrédients (pour 8)

5 œufs
20 cl de crème de soja
2 cuillères à soupe de fécule de maïs
1 pincée de sel
200 g de chocolat
110 g de sucre

Préparation (35 minutes)

Vous l'aimez moelleux et aérien ?

Faire fondre le chocolat et la crème au bain-marie.

Séparer les blancs des jaunes d'œufs.

Fouetter les jaunes avec le sucre. Ajouter la fécule et fouetter.

Battre les blancs en neige ferme avec une pincée de sel.

Ajouter le chocolat fondu aux jaunes. Puis incorporer délicatement les blancs.

Verser dans des petits ramequins ou un grand moule. Cuire 15-20 minutes à 180 °C pour les petits gâteaux, 40 minutes environ pour un grand. Vérifier la cuisson avec la pointe d'un couteau au cœur du gâteau : elle doit ressortir à peine sèche.

Vous l'aimez fondant façon brownie ?

Faire fondre le chocolat et la crème au bain-marie.

Fouetter les œufs entiers avec le sucre puis la fécule. Ajouter le chocolat fondu.

Verser dans des petits ramequins ou un grand moule carré. Cuire 10 minutes à 200 °C pour les petits gâteaux, environ 20 minutes environ pour un grand. Vérifier la cuisson avec la pointe d'un couteau au cœur du gâteau : elle doit ressortir à peine sèche.

Côté pratique

Selon que l'on monte les blancs d'œufs en neige ou non, on obtient deux résultats très différents pour une même recette de base. La durée de cuisson est par ailleurs réduite dans le cas du fondant au chocolat. La version moelleuse de ce gâteau se marie très bien avec des noisettes ou des graines de sésame torréfiées

Carrot cake à la noisette et à la farine de châtaigne

Ingrédients (pour 6)

200-300 g de carottes râpées
4 œufs
150 g sucre de canne
10 g d'huile d'olive
1/2 sachet de poudre à lever
75 g farine de châtaignes
100 g de noisettes moulues

Préparation (55 minutes)

Séparer les blancs d'œufs des jaunes. Fouetter ces derniers avec le sucre jusqu'à ce que le mélange blanchisse.

Ajouter l'huile. Bien mélanger. Incorporer la levure, la farine et les noisettes.

Peler et râper les carottes. Les adjoindre à la préparation.

Monter les blancs en neige ferme. Les incorporer délicatement.

Verser dans un moule à cake huilé. Cuire 40 minutes à 180 °C.

Côté pratique

Sans ajout de matières grasses, ce dessert tient sa légèreté des carottes râpées qui allègent la préparation. Les noisettes quant à elles, apportent une touche de gourmandise et de croquant. Un mariage aussi surprenant que séduisant !

Crumble pomme-framboise aux flocons de quinoa

Ingrédients (pour 8)

8 pommes
200 g de framboises surgelées
125 g de sucre de canne
70 g de farine de riz
70 g de flocons de quinoa (ou riz, châtaigne...)
1 pincée de fleur de sel
80 g de purée d'amande diluée dans 10cL d'eau

Préparation (35 minutes)

Peler les pommes et les couper en gros morceaux dans une casserole.

Cuire à feu modéré pour que les fruits ***compotent.*** À la fin de la cuisson, ajouter les framboises.

Dans un saladier, déposer la farine, les flocons, le sucre et le sel. Mélanger. Ajouter la moitié de la matière grasse. Travailler avec les doigts jusqu'à obtenir une pâte sableuse. Ajouter le reste d'huile au fur et à mesure.

Verser les fruits dans un moule à gratin. Répartir la pâte à la surface.

Cuire au four 15 minutes à 180 °C. Servir tiède ou froid.

Côté pratique

Voici une version muesli du crumble classique, agrémentée de la savoureuse purée d'amande en guise de matière grasse. Cette pâte à crumble s'accorde avec divers fruits de saison : pomme-poire, pomme-pruneau, pomme-rhubarbe ou encore pomme-figue.

Flan chocolat et noix de coco (recette p. 147)

Les entremets

Pour fondre de plaisir

Réalisation express, plaisir maximum,
Le tout en légèreté : que demander de plus ?

Crème catalane au lait de soja vanillé (recette p. 146)

Pas de matière grasse, peu de farine, une quantité de sucre raisonnable... les entremets sont les champions du dessert diététique.

Réalisés à partir d'ingrédients sans gluten et sans lait, ces desserts sont encore plus sains et délicieux.

Leur saveur apparaît réellement bonifiée par l'utilisation des laits végétaux. Riz, noisette, châtaigne, amande, soja vanillé, vous avez l'embarras du choix (pour plus d'informations, rendez-vous p. ?). Leur parfum neutre, délicat ou intense apporte une touche gourmande à vos réalisations. Inutile d'ajouter de la vanille ou de la cannelle : le lait végétal parfume subtilement votre dessert et détrône sans conteste le classique lait de vache.

Désuet au singulier, le mot lait se décline à présent au pluriel pour le plaisir de tous !

Clafoutis d'abricots au lait riz-amande

Ingrédients (pour 8)

12 abricots
150 g de sucre de canne
40cL de lait riz-amande
4 œufs (2 entiers + 2 jaunes)
70 g de farine de riz

Préparation (30 minutes)

Découper les abricots en dés et les placer dans le(s) moule(s).

Dans un saladier, mélanger les œufs, les jaunes, une pincée de sel et le sucre. Ajouter la farine puis incorporer doucement le lait.

Recouvrir les fruits de l'appareil à clafoutis.

Cuire 40 minutes à 175 °C (20 minutes pour des portions individuelles).

Côté pratique

La diversité des laits végétaux associée aux fruits de saison permet de décliner à l'infini cette recette de clafoutis ! Chaque lait végétal apporte une touche subtile et originale à votre dessert. On en oublie complètement le lait de vache...

Crème catalane au lait de soja vanillé

Ingrédients (pour 8)

5 jaunes d'œufs
80 g de sucre
2 cuillères à soupe de fécule de maïs
50 cl de lait de soja à la vanille

Préparation (1 h 10)

Fouetter les jaunes d'œufs avec le sucre jusqu'à ce que le mélange blanchisse et devienne bien mousseux. Ajouter le lait et mélanger énergiquement au fouet. Verser la crème dans les ramequins et passez-les au four préchauffé à 120 °C pendant environ 1 heure.

Placer au réfrigérateur pendant 2 heures pour que la crème soit bien figée.

(Photo p. 142)

Côté pratique

À mi-chemin entre la crème brûlée et les œufs au lait, cette recette est agréablement aromatisée – et moins calorique – grâce au lait de soja vanillé. La cuisson longue à température modérée assure une texture fondante à souhait.

Flan chocolat et noix de coco à tomber

Ingrédients (pour 8)

1 L de lait végétal de coco, ou autre lait végétal
180 g de chocolat pâtissier
6 jaunes d'œufs
80 de sucre en poudre
20 g de farine de riz + 20g de fécule de maïs

Facultatif : 20 g de noix de coco râpée

Préparation (25 minutes)

Casser le chocolat en morceaux. Le placer dans une casserole avec le lait et le laisser fondre à feu doux. Mélanger régulièrement pour homogénéiser le mélange.

Séparer les blancs des jaunes d'œufs. Réserver les blancs pour une recette de biscuits ou de mousse. Fouetter les jaunes d'œufs avec le sucre.

Ajouter la fécule, la farine et, éventuellement, la noix de coco râpée. Mélanger la préparation, puis incorporer le lait chocolaté et mélanger à nouveau.

Verser l'appareil dans des moules individuels. Cuire 20 minutes à 175 °C.

Déguster bien froid. (Photo p. 140)

Atout santé

Le lait de coco classique s'apparente plus à une crème qu'à un lait végétal, tant du point de vue de sa teneur en lipides que de leur nature. En effet, les acides gras du lait de coco sont majoritairement saturés comme ceux qui composent le beurre ou la crème fraîche.
Moins grasse que le lait de coco classique, la boisson végétale à base de coco possède la texture d'un lait de soja. Son goût subtil s'accordera à ravir avec vos desserts préférés.

Semoule au lait façon Grand-Mère

Ingrédients (pour 4)

50 cl de lait de riz
80 g de sucre
75 g de semoule fine de maïs
1 jaune d'œuf
Rhum, raisins, vanille…

Préparation (12 minutes)

Faire gonfler une poignée de raisins secs dans 2 cuillères à soupe de rhum chaud.

Chauffer dans une casserole le lait avec le sucre, la vanille et une pincée de sel. Lorsque le sucre est dissout et le lait bien chaud, verser la semoule en pluie. Cuire environ 5 minutes à feu très doux en mélangeant régulièrement au fouet. La semoule va épaissir doucement.

Lorsque la texture paraît satisfaisante, couper le feu. Ajouter le jaune d'œuf et fouetter vivement.

Répartir la semoule chaude dans des ramequins individuels et la laisser refroidir environ 2 heures.

Côté pratique

Réalisation express pour ce dessert qui nous renvoie tout droit en enfance… La semoule de maïs, avec sa couleur dorée, ravit tout autant les yeux que les papilles. N'hésitez pas à doubler les quantités : cette recette, ni trop grasse ni trop sucrée, est délicieuse au petit déjeuner.

Petits pots de crème chocolat-noisette à l'arrow-root

Ingrédients (pour 8)

100 g de chocolat
50 cl de lait de noisette
2 cuillères à soupe de fécule d'arrow-root
25 g de sucre de canne

Préparation (10 minutes)

Découper le chocolat en morceaux dans une grande casserole. Délayer la fécule et le sucre dans le lait végétal. Verser sur le chocolat.

Chauffer à feu doux en mélangeant régulièrement avec une cuillère : le chocolat fond dans un premier temps, puis la fécule épaissit peu à peu la préparation.

Lorsque la texture est correcte, répartir la crème dans des petits pots. Laisser ***prendre*** au frais.

Côté pratique

La fécule d'arrow-root, extraite des rhizomes de cette plante, peut être utilisée pour les mêmes usages et dans les mêmes proportions que la fécule de maïs. Délayées au préalable dans le liquide froid, les fécules épaississent progressivement les crèmes dessert, au cours de la cuisson. Une recette en 10 minutes chrono !
Le liquide utilisé pour délayer la fécule peut tout aussi bien être un lait végétal qu'un jus de fruit : raisin, mangue, tout est permis ! Dans ce cas, le chocolat peut être remplacé par la même quantité de compote de fruits.

Crème de quinoa choco-banane

Ingrédients (pour 6)

50 g de farine précuite de quinoa
150 g de lait de soja
Sirop d'agave ou miel liquide
30 g de chocolat
2 bananes

Préparation (20 minutes)

Faire fondre le chocolat au bain-marie avec une cuillère à soupe de lait végétal.

Délayer la crème de quinoa dans le lait froid. Cuire à feu doux 8 à 10 minutes, en mélangeant très régulièrement, jusqu'à ce que la préparation épaississe.

Mixer au robot avec les bananes coupées en rondelles et le chocolat fondu. Ajouter éventuellement un trait de sirop d'agave pour ajuster la saveur sucrée.

Verser la crème dans des ramequins et placer au frais.

Côté pratique

En magasin d'alimentation biologique, vous trouverez probablement les farines précuites de quinoa et de riz sous la dénomination ***crème de quinoa*** et ***crème de riz***. Le principe est de délayer une mesure de farine précuite dans 3 à 4 mesures de liquide froid. L'épaississement de la préparation est obtenu lors d'une cuisson douce.

Entremet de pêches au lait de soja vanillé

Ingrédients (pour 8)

50 cl de lait de soja à la vanille
2 g d'agar-agar
6 pêches bien mûres (ou poires)
Facultatif : un coulis de framboises

Préparation (10 minutes)

Diluer la poudre d'agar-agar dans le liquide froid puis chauffer à la casserole. À l'apparition des premiers bouillons, laisser chauffer 1 minute puis couper.

Mixer les pêches au robot. Ajouter le lait et mixer à nouveau.

Répartir dans des ramequins et laisser au moins 3 heures au frais. Servir avec un coulis de framboises.

Atout santé

Issu des algues, l'agar-agar sert à épaissir ou gélifier. Sans goût ni calorie (1 sachet de 2 g = 0,3 kcal), il détient un important pouvoir de satiété : ses fibres gonflent avec l'eau issue du repas. Il permet la réalisation de toutes sortes d'entremets légers en remplacement de la gélatine, produit issu de l'ébullition prolongée de la peau et de tissus conjonctifs de porc.

Crème fraise pruneau au tofu soyeux

Ingrédients (pour 6)

1 barquette de tofu soyeux (environ 400 g)
150 g de compote de fraises ou de fruits frais
100 g de pruneaux dénoyautés

Préparation (10 minutes)

Faire bouillir 5 minutes les pruneaux dans une petite casserole d'eau afin qu'ils ramollissent. Les égoutter.

Si les fraises sont fraîches, les laver, les équeuter et les couper en 4.

Placer tous les ingrédients dans le bol du robot. Mixer finement.

Verser dans des ramequins individuels et placer 2 heures au frais avant de déguster.

Atout santé

Issu des graines de soja, le tofu soyeux, dernier né des produits à base de tofu, est intéressant du point de vue de son apport en protéines. Leur composition se rapproche de celles de la viande et des produits laitiers. En revanche, il contient moitié moins de fer que la viande ou le poisson.
Facile et rapide d'utilisation, le tofu soyeux permet la réalisation de préparations légères en versions salées ou sucrées.

Lait de riz façon tofu soyeux

Ingrédients (pour 6)

50 cl de lait de soja ou tout autre lait végétal : ici un lait de riz
3 g d'agar-agar (ou 3/4 de cuillère à café)

Préparation (5 minutes)

Délayer l'agar-agar dans le lait. Verser dans une casserole et faire chauffer modérément. À l'apparition des premiers bouillons, laisser chauffer 20 secondes.

Transvaser dans un grand bol. Laisser refroidir à température ambiante puis au réfrigérateur.

Côté pratique

Fabriquer son « tofu soyeux » ? Facile, à condition de le préparer la veille.
Règle d'or d'utilisation de l'agar-agar : 2 g dilué dans 50 cl de liquide froid puis chauffé jusqu'à l'apparition de petits bouillons (40 °C minimum). L'agar-agar épaissit la préparation lors du refroidissement. Privilégiez les sachets de 2 ou 4 g pour éviter les mauvaises surprises (l'agar-agar se dose au gramme près). Afin de remplacer la gélatine dans une de vos recettes fétiches, gardez en tête que 2 g d'agar-agar équivaut à 6 g de gélatine, soit 3 feuilles.

Index des recettes